BUSINESS CRIME – SKANDALE MIT SYSTEM

Für meinen
Freund
Toni Kilger

[illegible]

München 26.10.23

HERBERT STORN

BUSINESS CRIME – SKANDALE MIT SYSTEM

Über Konzernverbrechen, kriminelle Ökonomie und halbierte Demokratie

BÜCHNER-VERLAG
Wissenschaft und Kultur

Anlässlich der BCC-Gründung vor 30 Jahren, am 22.03.1991

Herbert Storn
Business Crime – Skandale mit System
Über Konzernverbrechen, kriminelle Ökonomie und halbierte Demokratie
ISBN (Print) 978-3-96317-267-0
ISBN (ePDF) 978-3-96317-807-8

Satz und Umschlaggestaltung: DeinSatz Marburg | rn
Bildnachweis Umschlag: pixabay.com © MichaelGaida (Ausschnitt)
Druck und Bindung: CPI Books GmbH, Leck
Die verwendeten Druckmaterialien sind zertifiziert als FSC-Mix.
Printed in Germany

Bibliografische Informationen der Deutschen Nationalbibliothek:
Die Deutsche Nationalbibliothek verzeichnet diese Publikation in der Deutschen Nationalbibliografie, detaillierte bibliografische Angaben sind im Internet über http://dnb.de abrufbar.

www.buechner-verlag.de

Inhalt

Einleitung

»*Dreckige Geschäfte – Höchste Zeit für ein hartes Durchgreifen gegen Finanzkriminalität*« (FR)

»*Fleischbranche – Großrazzia wegen illegaler Leiharbeit*« (manager magazin)

»*Banken weltweit, darunter auch die Deutsche Bank und die Commerzbank, waren in den vergangenen Jahren in großem Stil in Geldwäsche involviert*«

»*Mächtig unkontrolliert – die deutsche Finanzlobby*« (der Freitag)

»*Wenn die Miete auf den Cayman Islands landet: Die Wohnungslage in den Großstädten wird immer angespannter, auch wegen Großinvestoren. Die rechnen sich laut einer Studie nicht selten arm – und zahlen kaum Steuern.*« (SZ)

»*Geldwäsche: Nix sehen, nix hören, nix sagen – Auch schmutziges Geld sorgt für gute Geschäfte*« (Zeit)

»*25 Tote durch Wilke-Wurst? Skandal weitet sich wohl dramatisch aus – Staatsanwaltschaft ermittelt*« (Merkur)

»*Markus Braun bleibt im Gefängnis – Der unter Betrugsverdacht stehende ehemalige Wirecard-Chef muss weiter im Gefängnis bleiben*« (FAZ)

»*Werraversalzung: Ein Krimi aus der Hand eines Staatsanwalts*« (FR)

»*Kali+Salz: Verfahren zwar eingestellt, aber in der Begründung erhebt die Staatsanwaltschaft schwere Vorwürfe*« (Hessenschau)

So lauten nur einige Headlines von Herbst 2020 bis zum Frühjahr 2021. Kriminelle Praktiken in der Wirtschaft tauchen fast ohne Unterbrechung in den Medien auf. Alles Einzelfälle, alles nur ›Skandale‹? Oder offenbaren solche Vorgänge eine tieferliegende kriminelle Struktur? Und gehört diese Struktur dann zu unserer Wirtschaftsordnung oder ist sie eine Art Fremdkörper, der vom Rechtsstaat zu bekämpfen ist? Oder beides?

Wie kommt es, dass der Staat so oft als Kontrollinstanz versagt?
Oder versagt er gar nicht, weil er nicht alles kontrollieren will?
Oder werden die kriminellen Praktiken vielleicht sogar in Kauf genommen, weil die Vorteile überwiegen? Welche Vorteile? Für wen?
Und wie können Linke für diese Frage gewonnen werden, wenn sie ohnehin davon ausgehen, dass es das kapitalistische System ist, das von der Ausbeutung menschlicher Arbeit (und der Natur) lebt? Dem man also seine kriminelle Affinität gar nicht mehr nachweisen muss, so dass dann erst die Überwindung des kapitalistischen Systems eine Lösung verheißt. All diesen Aufgaben und Problemen soll im Folgenden nachgegangen werden.

Anlass ist das 30-jährige Bestehen von *Business Crime Control*, eine Organisation, die sich diesen Fragen gestellt hat.

Es kann mithin auf eine langjährige Expertise zurückgegriffen werden. Und es sind beileibe nicht nur theoretische Überlegungen. Denn im Raum stehen die wesentlichen Grundfragen: Haben wir (noch) einen Rechtsstaat, der seinen Namen auch verdient? Sind wir vor Willkür geschützt? Geht es gerecht zu?

Dies sind existentielle Fragen, denn sie berühren Grundbedürfnisse des Menschen.

30 Jahre Business Crime Control (BCC)

Hans See ist diesen Fragen nach dem Systemcharakter von Wirtschaftskriminalität und ihrer strukturellen Überwindung sehr gründlich nachgegangen – sowohl theoretisch als auch praktisch-politisch, Letzteres durch die Gründung von *Business Crime Control* am 22. März 1991 in Hanau.

Das 30-jährige Jubiläum ist ein guter Anlass, die Überlegungen von damals, die zur Gründung von BCC führten, mit der zwischenzeitlichen Entwicklung abzugleichen und den Anspruch zu erneuern, Wirtschaftskriminalität aus ihrer randständigen Betrachtung herauszuholen und sie nicht mit Einzelgesetzen, sondern einem wirtschaftsdemokratischen Reformkonzept wirklich und ernsthaft zu überwinden. Diesen Anspruch hat auch dieses Buch.

Dazu wird an markanten, auch in der breiten Öffentlichkeit diskutierten Beispielen der Systemcharakter herausgearbeitet, der in eben dieser Öffentlichkeit meist aber ausgeblendet wird. Ähnliches gilt für die Schäden, die weit über solche hinausgehen, die mit einem Geldbetrag zu beziffern sind. Sie reichen von der Schädigung der Umweltstruktur bis hin zur Beschädigung von sozialem Zusammenhalt und Demokratie.

Das Buch nimmt den Begriff der ›halbierten Demokratie‹ auf und dehnt diesen auf den Rechtsstaat aus, der Gefahr läuft, zunehmend einzelwirtschaftlichen Interessen unterworfen zu werden.

Weil Analysen allein nicht weiterhelfen, werden Lösungsvorschläge in Form von Weichenstellungen vorgestellt, die dazu dienen sollten, in öffentlichen kritischen Diskursen erörtert zu werden. Solange diese von der Politik gemieden werden, brauchen wir uns über Populismus und Schlimmeres nicht zu wundern. Es wäre aber geradezu fatal, wenn immer erst Katastrophen uns zu besseren Einsichten führen müssten.

Wie aktuell die vorgetragenen Argumente sind, zeigt nicht zuletzt das **Interview mit Hans See** am Ende des Buches, in dem die letzten 30 Jahre noch einmal Revue passieren und die Botschaft erneuert wird.

Hans See, ehemaliger Professor an der Fachhochschule Frankfurt am Main hat seit Anfang der 80er Jahre das klassische Analyseschema der antikapitalistischen Linken kritisch hinterfragt und sich dem von der Linken insgesamt vernachlässigten Problem der Wirtschaftskriminalität zugewandt. Als sein in dieser Zeit verfasstes Buch KAPITAL-VERBRECHEN kurz vor seinem Abschluss stand, brach die DDR unter dem Druck einer starken Protestbewegung zusammen. Daher konnte in dieses Buch auch noch ein Kapitel über die Wirtschaftskriminalität im real existierenden Sozialismus eingefügt werden.

Kurz nach der Wiedervereinigung (Beitritt der ehemaligen DDR) lernte See in einer Talkshow des Senders Freies Berlin einen ehemaligen Kriminaldirektor des Bundeskriminalamts, Dieter Schenk, kennen, mit dem er im März 1991 die erste gesamtdeutsche zivilgesellschaftliche Organisation der neuen Bundesrepublik gründete. Da sie als internationale Bürger- und

Menschenrechtsorganisation geplant war, erhielt sie einen international verständlichen Namen: Business Crime Control (BCC).

Reflexionen über den Begriff ›Kapital-Verbrechen‹ nach Hans See

In den wissenschaftlichen Büchern von See, KAPITAL-VERBRECHEN (2. Auflage erschien als Taschenbuch nach der BCC-Gründung) und WIRTSCHAFT ZWISCHEN DEMOKRATIE UND VERBRECHEN, verwendet der Wirtschaftskriminologe den Begriff ›Kapital-Verbrechen‹. Mit der Schreibweise ist zwar klar angezeigt, dass er die von der Kapitalseite begangenen Gesetzesbrüche meint, aber die Denktradition und die offizielle Verwendung des Begriffs waren stärker, zumal sich der Gedankenstrich nicht sprechen lässt. Er sollte den bis dahin verwendeten Begriff ›White Collar Crime‹ (Weiße-Kragen-Kriminalität) von Sutherland ablösen, hat es aber nicht geschafft, obgleich er sogar einmal als SPIEGEL-Titel (ohne Hinweis auf Sees Buch, das im SPIEGEL besprochen worden war) verwendet und von Peter Sloterdijk (wie später noch einmal von Harald Lesch in einer seiner Fernsehsendungen) als besonders zutreffend gelobt und verwendet wurde.

Kapital-Verbrechen sind Wirtschaftsverbrechen

Der Begriff *Business Crime* sollte von Anfang an klarmachen, dass damit alle Geschäftsverbrechen gemeint sind. Und dass die Kriminalität der abhängig Beschäftigten (es sei denn, es handele sich um einen Manager mit Arbeitgeberfunktion) eine qualitativ andere ist.

Es gab Gründe, die Kriminalität der Konzerne (und der Verantwortlichen in den Chefetagen, einschließlich der Aufsichtsräte und privaten Kontrollorgane) hervorzuheben, auch wenn damit die der kleinen Selbständigen und Mittelständler nicht verharmlost werden sollte. In den USA spricht man inzwischen von Corporate Crime, der Kriminalität der großen Kapital-

Gesellschaften, der Konzerne. Und deren Dominanz, ja Hegemonie, konnte von BCC nicht länger durch das In-eins-setzen mit allen Geschäftsgrößen und Unternehmensformen überzeugend vermittelt und kritisiert werden. Der Begriff Business Crime bleibt von grundsätzlicher Bedeutung, vor allem für Staaten mit demokratischer und rechtsstaatlicher Verfassung.

Denn hinter den Weltproblemen unserer Epoche – dem Klimawandel und der Umweltzerstörung, der sozialen Ungleichheit, dem Hunger, der globalen Armut, vielen längst heilbaren Krankheiten etc. – stehen nicht zuletzt Wirtschaftsverbrechen, was im Folgenden gezeigt wird.

Organisierte Kriminalität und Wirtschaftskriminalität

In einem seiner ersten Vorträge nach Gründung von BCC ging Hans See auf das Anliegen des Vereins ein:

> »BCC will vielmehr die Demokratiefrage – nachdem der Kalte Krieg gegen den Ostblock-Kommunismus gewonnen ist – ganz bewusst mit Blick auf die notwendige Kontrolle der Mächtigen der freien Wirtschaft und der globalen Wirtschaftsmacht ›Kapital‹ noch einmal neu stellen. (…) Dabei geht es um die sehr ernste Frage an die Verfechter einer freien Wirtschaft, ob sie diese für fähig halten, ihr also auch grundsätzlich zumuten wollen, sich den demokratischen Gesetzen einer kritischen und mündiger werdenden Gesellschaft, die mehr soziale Gerechtigkeit und einen wirksamen Umweltschutz fordert, so unterzuordnen, wie es von jedem Mitglied der Gesellschaft in einem Rechtsstaat verlangt werden kann.
> Es geht dabei auch um die immer wichtiger werdende Frage der Demokratiefähigkeit der freien Wirtschaft überhaupt. Denn noch verharrt in unserem Wirtschaftssystem die in Festreden durchaus auch von Unternehmern und deren Sprechern gelobte Demokratie vor den Fabriktoren.«[1]

Die in Deutschland gesetzlich geregelte Mitbestimmung reiche hierfür nicht aus. Mit ihr könnten Wirtschaftsdelikte nicht verhindert werden.

Nirgends ist das so deutlich geworden wie am Dieselabgasbetrug der großen Autokonzerne, die nicht nur über Betriebsräte nach dem Betriebsverfassungsgesetz und über Aufsichtsorgane mit Belegschaftsvertretern nach dem Mitbestimmungsgesetz verfügen, sondern – im Fall von Volkswagen – auch noch über staatliche Kontrolleure. Mehr traditionelle Mitbestimmung geht nicht!

See beklagte die mit der bestehenden Mitbestimmung verbundene Kumpanei zwischen Kapital und Arbeit.

> »Das organisierte Verbrechen hätte nur wenig Chancen, in die legale Wirtschaft einzudringen oder auf sie Einfluss zu gewinnen, wenn diese, das heißt das für sie verantwortliche Management, stärkerer öffentlicher, vor allem überbetrieblicher demokratischer Kontrolle ausgesetzt wäre.«[2]

Denn die Polizei sei für Wirtschaftsverbrechen prinzipiell die falsche Adresse, weil sie damit schlicht überfordert sei. Bei Wirtschaftsverbrechen gehe es um strukturelle Probleme, um kriminelle Kapitalbeschaffung, -verwertung oder -sicherung.

Die schwierige legale Beschaffung von Kapital sei ein Motiv, es verbrecherisch zu erlangen. Unter stark erschwerten Bedingungen werde auch seine Verwertung immer sozialschädlicher und damit seine Sicherung – und sei es durch Etablierung kapitalhöriger Diktaturen – immer notwendiger.

Und bei den Verbrechen gebe es jenseits des Strafrechts auch »Verbrechen in einem nicht justiziablen, in einem moralischen und gesellschaftspolitischen Sinne.«[3]

> »Wenn Kapitalbeschaffung, Kapitalverwertung und Kapitalsicherung zwar legal, aber mit Hilfe sozialschädlicher, umweltfeindlicher und damit auch menschenverachtender Praktiken betrieben werden, nennen wir sie in einem moralisierenden Sinne verbrecherisch. Hier muss die kriminalpolitische Debatte einsetzen und die Frage nach Möglichkeiten der Verhinderung oder Bestrafung solcher Taten aufgeworfen werden.«[4]

Und angesichts der von Konzernen dominierten Globalisierung ist es nicht vermessen, wenn Hans See davon spricht, dass auch »der Frieden zwischen den Völkern, die Menschen- und Freiheitsrechte und das friedliche Zusammenleben der Bürger … nicht dauerhaft gesichert werden (können), wenn die komplexen wirtschaftsverbrecherischen Ursachen von sozialen Konflikten und ökologischen Katastrophen nicht nachgewiesen und breitenwirksam publik gemacht werden.«[5]

Im weiteren Verlauf des Vortrags versucht See dann eine begriffliche Unterscheidung von Wirtschaftskriminalität und Organisiertem Verbrechen, die aber zugleich die Überschneidung bzw. gegenseitige Durchdringung klarmacht:

> »Das Organisierte Verbrechen zielt von vornherein darauf ab, kriminalisierte Bedürfnisse zu bedienen, um eine hohe Risikoprämie bei doch oftmals niedrigem Risiko zu kassieren.
> Wirtschaftskriminalität umfasst dagegen die Straftaten der von vornherein auf legale Geschäfte angelegten Wirtschaft, die aber durch verzerrten Wettbewerb, Krisen, Konkurrenzgefahr und durch die auf der Hand liegenden Wettbewerbsvorteile des illegalen Wirtschaftens in die berühmte Sog- und Spiralwirkung des Wirtschaftsverbrechens gerät.«[6]

Dazu verweist See auf einen 1990 in der Zeitschrift Kriminalistik veröffentlichten Bericht, in dem einige Experten die Auffassung vertraten, dass eine ausschließlich legale Unternehmensführung in Zukunft wegen mangelnder Konkurrenzfähigkeit kaum noch möglich sein werde.

1. Kontroll- und Steuerungsverlust in Krisenzeiten

Wirtschaftskriminalität ist kein ›Kavaliersdelikt‹. Mit einem Begriff wie diesem wird umgangssprachlich gerne die Grenze zwischen legal und illegal aufgeweicht. Und bezeichnenderweise werden Verstöße gegen Steuervorschriften an erster Stelle genannt, wie Umfragen zeigen. Damit ist es denjenigen, die für schwere Steuerrechtsverletzungen verantwortlich sind, gelungen, ihren damit verbundenen Anschlag auf die Finanzierung der öffentlichen Daseinsvorsorge als (annähernd) legitime persönliche Bereicherung hinzustellen. Die meinungsprägenden Medien waren dabei sehr behilflich. Es ist erstaunlich, wie gut ihnen das gelungen ist. Denn wenn es um die schlechte Ausstattung des Gemeinwesens geht, werden Staat und Kommunen gnadenlos kritisiert und als unfähig hingestellt. Wenn es dagegen darum geht, ihnen Steuergelder abzutrotzen, ihnen also die Hilfsmittel zu entziehen, werden Staat und Kommunen genauso gern als Gegner, noch besser als ›Räuber‹ dargestellt – eine inszenierte Schizophrenie.

Rund um die Bundestagswahl vom 26.9.2021 konnte man dieses ›Spiel‹ bei den Kontrahenten Kevin Kühnert (SPD) und Christian Lindner (FDP) beobachten, als Kühnert dabei Lindner als ›Luftikus‹ bezeichnete, weil er Superreiche steuerlich entlasten wolle, gleichzeitig aber kein seriöses Finanzkonzept habe.[7]

Wirtschaftskriminalität ist auch keine Angelegenheit, die sich, wie manche vielleicht assoziieren, vornehmlich im Bereich der Buchführung, also quasi ›auf dem Papier‹ abspielt und Menschen nicht wirklich beeinträchtigt. Dass auch dieses gern vermittelte Bild nicht stimmt, soll im Kapitel über die beträchtlichen und – was den ökologischen Aspekt angeht – oft irreversiblen Schäden an einigen Beispielen beleuchtet werden.

Wenn von sozialen Konflikten, persönlichen Schäden und ökologischen Katastrophen gesprochen wird und Wirtschaftskriminalität mit Verbrechen assoziiert wird, dann kommt man der Sache schon näher.

Aber auch das wird von interessierter Seite gern als ›Kollateralschaden‹ bezeichnet, also als *bedauernswertes Abfallprodukt* einer eigentlich dem Gesamtwohl zuarbeitenden Wirtschaft.

Wenn nun aber tatsächlich neben der Schädigung vieler Einzelpersonen *dauerhafte* Umweltzerstörung und Kriege die Folge sind, fällt es schon schwer, hier noch von Kollateralschäden zu sprechen! Erst recht natürlich, wenn aus Tausenden von ›Einzelfällen‹ der systemische Charakter sich als Grundgewebe immer deutlicher abzeichnet.

Da hilft es auf Dauer nicht, immer wieder das Wort ›Skandal‹ zu bemühen! Aber die auf Push-Nachrichten getrimmten Medien leben eben eher und mehr von der Ausnahme als der Regel oder gar der Struktur, die zu kritisieren wäre.

Wenn im Folgenden die Kriminalität der großen Wirtschaftsunternehmen in den Blick genommen wird, werden sehr schnell eine Struktur und ein Mechanismus erkennbar, welche es nahelegen, wechselseitige Übergänge von legalen Wirtschaftsoperationen zu illegalen und umgekehrt als *Normalzustand* anzusehen. So stehen inzwischen fast alle gesetzlichen Maßnahmen, seien es solche zum Umweltschutz, zum Arbeitsrecht oder zur Besteuerung unter dem Verdikt, dass große transnational operierende Konzerne (und das sind praktisch alle) einer gesetzlichen Regelung durch die Verlagerung ihrer Tätigkeit in ein nicht reguliertes Territorium ausweichen können und dies auch tun. Als giftig eingestufte Stoffe werden in all den Ländern weiter eingesetzt, die es nicht verbieten. Die primitivsten Arbeitsschutzregelungen werden durch Produktionsverlagerungen umgangen. Durch Einschaltung immer weiterer Subunternehmen kann die rechtliche Verantwortung so verwischt werden, dass sie dem Ausgangsunternehmen nicht mehr nachzuweisen ist. Diese Problematik spielt nicht zuletzt bei der Lieferkettengesetzgebung eine wichtige Rolle. Auf diese Weise können im Extremfall geheime Firmen mit nicht legalen Operationen betreut werden, was insbesondere bei Rüstungsgeschäften nicht unüblich ist.

Umgekehrt ist die ›Geldwäsche‹ das Mittel, illegale Gelder in legale zu transformieren. Nicht ohne Grund ist das *Bankgeheimnis* bis heute ein schützenswertes Rechtsgut und kann es fast mit dem Beichtgeheimnis der katholischen Kirche aufnehmen.

Man könnte einwenden, dass das Ausweichen in nicht regulierte Bereiche nicht illegal sei, und dass hier bestenfalls von *illegitim*, also von einer ethischen Warte aus zu sprechen sei.

Damit wird das Problem aber nicht entschärft, weil

a. diese Grenze fließend ist, wie an den Cum-Ex-Geschäften gezeigt werden kann und
b. die Grenzziehung selbst oft in den Händen der Profiteure liegt oder in dieselben gegeben wird,
c. ein Wirtschaftssystem, das mit Rankings von Maximalprofiten arbeitet, permanenten Druck auf diese Grenzziehung zulasten der Regulierung ausübt.

Solches kann natürlich weder aus der Demokratieperspektive noch aus der Perspektive des Rechtsstaats akzeptiert werden. Die Schäden für Demokratie und Rechtsstaat, aber auch für Gesellschaft und Ökologie wären auf Dauer unerträglich.

Deshalb sollen im folgenden Abschnitt zunächst *Streiflichter* auf die Schäden geworfen werden, denn mehr als Streiflichter würde den Rahmen sprengen. Es handelt sich dabei nicht, wie oben bereits angedeutet, um abstrakte Schäden, die lediglich ›auf dem Papier‹ begangen werden und ansonsten keine größeren Probleme bereiten. Ganz im Gegenteil: Das Ausmaß dieser Schäden ist beträchtlich und erreicht schwindelerregende Größenordnungen.

All diese Schäden wurden und werden im Übrigen wider besseres Wissen angerichtet, um kurzfristig Profite zu erzielen. Denn die Schäden wären vermeidbar gewesen. An Alternativen mangelt es jedenfalls nicht. Ebenso wenig wie an gesellschaftlichem Engagement in jedem Einzelfall.

Viele dieser Beispiele sind im Übrigen in der Vierteljahreszeitschrift von BCC – *BIG Business Crime*[8] – und gegenwärtig als Beilage in *Stichwort Bayer* – Zeitschrift der *Coordination gegen BAYER-Gefahren*[9] – dargestellt.

2. Ein Blick auf die Schäden von Wirtschaftskriminalität – ›Peanuts‹?

Abfälle

Fotografie des Autors

Ist es kriminell, Flüsse, Seen und die Meere zu verseuchen? Luft und Flüsse waren ja doch früher die ›kostenlosen Entsorgungsträger‹. Ich habe es als Kind selbst erlebt, wie sich der Fluss *Kocher* in meiner Geburtsstadt Aalen mit all den Farben gefüllt hat, welche die entsprechende Färberei dort jeweils abgelassen hatte.

Auf die selbst gezogenen Pflanzen wurde E 605 gesprüht – ein heute verbotenes Pflanzengift. Der Himmel über der Ruhr, wo meine Frau herkommt, war meist nicht blau, sondern von Ruß durchsetzt, was u.a. den Lungen nicht besonders förderlich war.

All das war nicht kriminell – jedenfalls nicht im juristischen Sinn. Und es war üblich. Es hatte vor allem bestimmte Vorteile: für die verseuchenden Unternehmen.

Konnte man es wirklich nicht besser wissen? Oder betrachtete man dies schon damals als Kollateralschäden einer ›florierenden‹ Wirtschaft? Als notwendiges Übel?

Das kapitalistische Wirtschaftssystem hat eine unbeschreibliche Warenfülle hervorgebracht, mehr als es kaufkräftige Nachfrage gibt, weshalb für die reichen Staaten der Begriff der ›Wegwerfgesellschaft‹ geprägt wurde.

Weil aber die Produktion im Mittelpunkt stand und immer noch steht (Marxisten sagen, die Verwandlung des Mehrwerts in Waren), sind die damit einhergehenden Abfälle doch weit mehr als nur ein Kollateralschaden; sie gehören zum System, sind also *systemimmanent.*

Am Grundprinzip, Abfälle privater Unternehmen zulasten der Gemeinschaft zu entsorgen (zu externalisieren) und auf diese Weise interne Kosten zu sparen, hat sich bis heute eigentlich nichts geändert.

Ein außergewöhnlicher Abfall, weil er besonders lange (nach)wirkt, ist der Abfall der Atomwirtschaft. Da stellt sich schon die Frage: Wie kann es überhaupt sein, dass Atomkraftwerke gebaut werden durften, ohne dass die Entsorgungsfrage auch nur annähernd gelöst war? Eine Frage, die bis heute nicht geklärt ist!

Weshalb war man beispielsweise bei einer einfachen Pizzeria kleinlicher und hat die Lizenz zum Aufstellen von Tischen und Sitzen nur erteilt, wenn eine Toilette nachgewiesen werden konnte?

Ist es vielleicht die Größenordnung? Ist es womöglich die Sichtbarkeit? Oder ist es vielmehr eine gesellschaftliche Meinungsprägung größten Ausmaßes, die ihren Ursprung in der gedanklichen Trennung der Kernspaltung in eine ›böse‹ Technologie in Form der Atombombe und eine vermeintlich ›gute‹ in Form der ›zivilen Nutzung‹ dieser Energie hatte?

Tatsächlich sind wir heute, trotz einer weltumspannenden kritischen Anti-AKW-Bewegung, nicht viel weiter. Denn trotz ungeklärter Entsorgung des radioaktiven Abfalls werden neue AKWs geplant, auch in der Europäischen Union.

Und es stellt sich die weitere Frage: Weshalb werden heute noch die meisten der damals entstandenen Folgekosten den Unternehmen abgenommen, auch den profitablen, und der Bevölkerung aufgebürdet? Und weshalb wird es zugelassen, dass die Folgen für Millionen von Jahren unseren Nachkommen zur Last fallen? Und warum soll das nicht kriminell sein?

Wie lange dürfen japanische Unternehmen hochgiftiges Plutonium in den Pazifik leiten?

Weshalb dürfen von Lingen aus immer noch deutsche Kernbrennstäbe an ausländische AKWs (darunter auch Japan) exportiert werden?

Diesem Problem hat auch BCC in seinem Heft *BIG Business Crime* einen größeren Artikel gewidmet:

> »Das unbewältigte Erbe von gerade mal einem halben Jahrhundert Stromproduktion bedroht und belastet die nächsten 330.000 Generationen. Kein Druckfehler. 330.000 Generationen, das sind über acht Millionen Jahre. Man kann sich kaum ausmalen, wie sehr Milliarden von Nachkommen unsere Generation wegen dieser tödlichen Hinterlassenschaft verfluchen werden.«[10]

Noch erstaunlicher sei allerdings, dass es Politik und Wirtschaft seit Jahrzehnten gelungen sei, dem Volk zu suggerieren, die Atomtechnik sei eine sichere und beherrschbare. Aus Schwarz einfach Weiß zu machen sei eine Form der Manipulation, die durchaus zum Instrumentarium der Wirtschaftskriminalität gezählt werden dürfe.

Umwelt und Umweltverbrechen wurden von BCC auch in weiteren Beiträgen beleuchtet. Denn etwa in der Abfallwirtschaft haben sich das *Organisierte Verbrechen* und die legale Wirtschaft immer schon überschnitten.

Und bezeichnenderweise spielt auch *das große Schweigen* in einem Beitrag von Eckhardt Momber in *BIG Business Crime 1/2017* eine zentrale Rolle, wenn er am Schluss auf die Frage, was das Wichtigste auf seiner Reise nach Fukushima war, bemerkt:

> »Zweierlei, erstens die bedrohliche Unsichtbarkeit der Radioaktivität und zweitens das mehrheitliche Schweigen im Wissen darüber in einem Land, in dem es nun schon zum dritten Mal zu einer atomaren Explosion gekommen war.«[11]

Nicht ohne Grund ist Omertà (die Schweigepflicht) ein Prinzip der Mafia und anderer krimineller Organisationen.

Stellvertretend für das Abfallproblem sei hier nachfolgend der ganz aktuell im Frühjahr 2021 in die Öffentlichkeit gelangte Fall der Laugenentsorgung zulasten von Flüssen und Trinkwasser durch K+S[12] geschildert und analysiert, weil er alle typischen Merkmale von Unternehmenspolitik in ihrem Verhältnis zu Staat und Kommunen aufweist.

Versalzung von Flüssen, Flächen und Trinkwasser – die Rolle von Unternehmen und Staat

> »Mehr als zehn Jahre hatte die Staatsanwaltschaft in Meiningen in Thüringen ermittelt wie es passieren konnte, dass der Kalikonzern K+S an der hessisch-thüringischen Grenze seine Salzlauge in den Untergrund versenken und damit auch Gewässer verunreinigen konnte.«

Mit diesen Worten beginnt die abendliche Hessenschau des Hessischen Rundfunks am 5. Mai 2021 ihre Berichterstattung über ein staatsanwaltschaftliches Ermittlungsverfahren, das – für manche überraschend – eingestellt wurde. Und die Frankfurter Rundschau titelt am selben Tag: *Werra-Versalzung: Ein Krimi aus der Hand eines Staatsanwalts.*

Die betroffenen hessischen Behörden bis hin zum hessischen Umweltministerium reagieren abwehrend, noch schärfer die K+S AG. Was war geschehen?
Ein hessischer Polit-Krimi?
Ein weiterer Umweltskandal?
Oder: Die Kapitulation eines Umweltministeriums vor dem weltgrößten Salzproduzenten?

Solche Fragen wirft ein staatsanwaltschaftliches Ermittlungsverfahren auf, *obwohl und weil* es eingestellt werden musste, da die derzeitige Rechtslage Verurteilungen nicht zulässt.

Man muss dem ermittelnden Staatsanwalt aus Meiningen dankbar sein für seine 10-jährige Aufklärungsarbeit[13], denn bisher wurden massive und lang wirkende Umweltschäden – ausgerechnet bei dem immer knapper werdenden sauberen Trinkwasser – anscheinend billigend in Kauf genommen, um Arbeitsplätze und nicht zuletzt Gewinne zu halten; und das zu großen Teilen sogar unter Aufsicht eines grünen hessischen Umweltministeriums mit teilweise prominenter Besetzung.

Man muss allerdings zugutehalten, dass es sich bei K+S nicht um irgendein Unternehmen handelt, sondern um den Weltmarktführer unter den Salzproduzenten. Und man darf den Gewöhnungseffekt nicht unterschlagen, der auch dadurch bedingt ist, dass die Versenkung von Salzlauge in den Untergrund bereits Ende der 20er Jahre des vorigen Jahrhunderts begonnen wurde und negative Erscheinungen in Bezug auf das Trinkwassers zu Beginn der 40er Jahre dann in Erscheinung traten. Auch ich habe – wie schon geschildert – erlebt, wie es in den 50er Jahren hingenommen wurde, dass etwa eine Färberei den örtlichen Fluss regelmäßig in die unterschiedlichsten Farben tauchen durfte.

Allerdings: Mittlerweile schreiben wir das Jahr 2021, und das Bundesverfassungsgericht kassiert aufgrund von Verfassungsbeschwerden das 2019 vom Bundestag verabschiedete deutsche Klimaschutzgesetz.

Und auch in Bezug auf das Ermittlungsverfahren zur Salzlaugenversenkung und -einleitung in Flüsse waren die heutigen Erkenntnisse nicht neu.

Aber der Reihe nach – im Folgenden referiert nach dem Schreiben der Staatsanwaltschaft Meiningen vom 13.4.2021, das 27 Seiten umfasst und an die *Werra-Weser-Anrainerkonferenz e. V.* gerichtet ist, die Strafanzeige gestellt hatte:

Die Laugenversenkung in den Plattendolomit hat eine erhebliche Druckerhöhung in dieser Formation zur Folge, die sich auch nach einem Ende der Versenkung nur langsam abbaut.

Der durch den Salzaufstieg notwendigerweise als Transit- und Zirkulationsraum fungierende Buntsandstein-Grundwasserleiter bildet aber zugleich auch das Hauptreservoir für die Trinkwassergewinnung.

In diesen Bereichen mussten in den vergangenen Jahrzehnten Trinkwasserbrunnen wegen zunehmender Versalzung sukzessive stillgelegt, saniert oder in ihrer Förderung gedrosselt werden, um ein Vordringen von Salzwasser in den Förderstrom zu vermeiden.

Die Beeinträchtigung potentiell nutzbaren Trinkwassers durch die Laugenversenkung wurde durch ein im November 2016 fertiggestelltes 3D-Grundwassermodell der Firma Kali und Salz erstmals quantifiziert.

Nach den vorgelegten Berechnungen hat der vorgenannte Wirkmechanismus der Versenkung zur Folge, dass **bis zum Jahr 2060** Trinkwasservorkommen im Volumen von 85 Millionen Kubikmetern zusätzlich über den für die Trinkwassernutzung maßgeblichen Chlorid-Schwellenwert von

250 mg/l hinaus versalzen werden im Vergleich zu einem Szenario, wonach die Versenkung im Jahr 2016 endet. Dabei geht das Grundwassermodell, wie die Ermittlungen ergaben, von geologischen Ausgangsparametern aus, die zu erheblicher Überschätzung der im Plattendolomit deponierten Abwassermengen führen und entsprechend zu einer Unterschätzung der Beeinflussung des Buntsandstein-Grundwasserleiters mit dem zur Trinkwassergewinnung genutzten Wasserhaushalt. Daher kann den Berechnungsergebnissen des Grundwassermodells auf jeden Fall analog entnommen werden, dass auch die Versenkung aufgrund der zuvor erteilten Erlaubnisse von 1976 bis 2015 noch mehrere Jahrzehnte nach Beendigung die Versalzung erheblicher Mengen nutzbaren Trinkwassers im Buntsandstein-Grundwasserleiter in der Größenordnung mehrerer hundert Millionen Kubikmeter zur Folge hat und haben wird. Der Großteil dieser Beeinträchtigungen geschieht auf dem Territorium des Freistaats Thüringen.

Zum 01.03.1960 ist in der Bundesrepublik Deutschland das Gesetz zur Ordnung des Wasserhaushalts vom 27.07.1957 (Wasserhaushaltsgesetz, WHG) in Kraft getreten. Mit diesem wurde das Grundwasser in Abkehr von der bis dahin geltenden Rechtslage vom Eigentum an Grund und Boden gelöst und einer eigenen öffentlich-rechtlichen Benutzungsordnung unterstellt.

Materiell-rechtlich verstärkte das Wasserhaushaltsgesetz den Schutz des Grundwassers vor Verunreinigungen unter anderem durch die Einführung des **Besorgnissatzes** in § 34 WHG.

Diese Vorschrift ist auch für das Verwaltungsrecht deshalb bemerkenswert, weil sie beim Vorliegen einer Besorgnis für nachteilige Veränderungen des Grundwassers der Behörde kein Ermessen einräumt, sondern ihr die Erlaubniserteilung zwingend versagt. Ein Einleiten von Schadstoffen in das Grundwasser kann daher anders als ein Einleiten von Schadstoffen in ein Oberflächengewässer seit dem 01.03.1960 in der Bundesrepublik praktisch nicht mehr erlaubt werden.

Die befristeten Versenkgenehmigungen von Kaliendlauge vom 12.11.1958 und vom 18.01.1960, befristet bis zum 04.10.1976 fußten also noch auf dem alten Recht.

Aber die seit dem 01.03.1960 für die Bundesrepublik geltende Rechtslage stand einer Erteilung weiterer Versenkerlaubnisse über den 04.10.1976 hinaus klar entgegen.

In dem vorliegenden Ermittlungsverfahren ging die Staatsanwaltschaft unter anderem der auch in diesem Buch vorrangig interessierenden Frage nach, welche Abläufe dazu führten, dass das Regierungspräsidium Kassel trotzdem die zehn Versenkerlaubnisse der Jahre 1976 bis 2016 erteilte.

Dabei spielten, so die Staatsanwaltschaft weiter, neben den vom Unternehmen in Aussicht gestellten alternativen Entsorgungswegen (u.a. eine 450 km lange Rohrleitung zur Nordsee!) auch falsche Annahmen in Bezug auf den Versenkhohlraum in tieferen Gesteinsschichten eine entscheidende Rolle.

Auf Letztere stützten sich die in den folgenden Jahrzehnten erteilten Versenkerlaubnisse (1976, 1981, 1986, 1991, 1996, 2001 und 2006).

Im Zusammenwirken von Behörden und dem Unternehmen konnte die benutzte falsche Hohlraumtheorie als Stand der wissenschaftlichen Erkenntnis etabliert sowie ein Aufkommen widersprechender Erkenntnisse durch unabhängige Wissenschaftler und aus den Reihen der hessischen Behörden unterbunden werden. Neuere Erkenntnisse nach 1990 versuchte die Firma Kali und Salz zu delegitimieren.

Wegen des Widerspruchs zwischen geowissenschaftlichem Kenntnisstand einerseits und der Bestätigung eines noch verfügbaren Versenkhohlraums im Plattendolomit andererseits wurden die Gutachten von 2001 und 2006 im Jahr 2009 durch die Leitung des hessischen Landesamts für Naturschutz, Umwelt und Geologie (HLNUG) für ungültig erklärt. Das Verhalten der Firma Kali und Salz in der Zeit von 1993 bis 2006 war durch Einschüchterung gegenüber BehördenvertreterInnen, unabhängigen WissenschaftlerInnen und JournalistInnen geprägt.

Die Staatsanwaltschaft Meiningen weiter: Das umschriebene Regime aus Umdeutung von Messwerten und Behinderung wissenschaftlicher Erkenntnisfindung in den Jahren 1993 bis 2006 sei in erster Linie durch Vertreter der Firma Kali und Salz koordiniert betrieben, maßgeblich aber auch in den Reihen der mit der Laugenversenkung befassten Behörden Hessens und Thüringens mitgetragen worden. Im Ergebnis dieses Klimas musste jeder Bedienstete, der das Konzept in Frage stellte, mit Bloßstellung, persönlichen Angriffen oder Marginalisierung rechnen. Dennoch erwies sich dieses Vorgehen spätestens Ende 2007 als nicht mehr machbar, nachdem eine technische Angestellte des HLNUG mittels einfacher Tabellenkalkulationen und Mischungsrechnungen den Nachweis erbrachte, dass es sich bei den diffusen Einträgen in die Werra tatsächlich um *Versenkrückläufe* der hessischen Kaliwerke handelt und dass von der bisher versenkten Lauge allenfalls 40% im Plattendolomit sich befinden, während 30% im Buntsandstein-Grundwasserleiter zirkulieren müssen und weitere 30% als diffuser Eintrag in die Werra beziehungsweise die Solz abgeflossen sind. (Im *Wirecardfall* haben wir hier übrigens eine interessante Parallele in Bezug auf eine kritische Mitarbeiterin.) Dies hatte immerhin die Anordnung der Einstellung einiger Versenkungen zur Folge.

Auch dies sei im weiteren Zeitablauf heruntergespielt und umgedeutet worden, so die Staatsanwaltschaft. Gestützt auf ein Rechtsgutachten im Auftrag des hessischen Umweltministeriums waren die Behörden des Landes Hessen allerdings 2008 zu dem Schluss gekommen, dass eine Fortsetzung der Laugenversenkung über diesen Zeitpunkt hinaus rechtlich nicht möglich ist, da eine solche gegen den wasserrechtlichen Besorgnissatz (§ 48 WHG) verstößt. Die Versenkung könne allenfalls noch über einen kurzen Übergangszeitraum erlaubt werden.

Daraufhin wurde 2010 von K+S die ›ernsthafte Prüfung‹ des Baus einer Rohrfernleitung zur Nordsee zur Entsorgung der Kaliendlaugen angekündigt, die aber nicht in Angriff genommen wurde.

Der Versuch, mit einem neuen Rechtsgutachten eine neue Versenkerlaubnis zu erreichen, scheiterte zunächst an dem HLNUG, das in einer umfangreichen Stellungnahme vom 10.07.2014 darlegte, dass eine Erhöhung der Förderung einen Anstieg der Chloridwerte jenseits des Grenzwerts mit Besorgnis erfüllen würde.

Durch Einwirkungen aus den Reihen des Regierungspräsidiums Kassel und des hessischen Umweltministeriums zwischen September 2014 und

Januar 2015 habe sich das HLNUG schließlich im Januar 2015 zu einer Protokollnotiz bereit erklärt, das Wort ›Besorgnis‹ in Bezug auf die dort bewerteten Trinkwassergewinnungsanlagen nicht im wasserrechtlichen Sinn verwendet zu haben. Dadurch wurde es dem Regierungspräsidium Kassel wiederum ermöglicht, auch die weiteren Verwaltungsentscheidungen zur Laugenversenkung mit der These zu begründen, eine Gefährdung der Trinkwasserversorgung sei ausgeschlossen, da auch nach Ansicht des HLNUG in Bezug auf die bestehenden Gewinnungsanlagen keine Besorgnis bestünde.

Die letzten Versenkerlaubnisse vom 17.12.2015 und vom 23.12.2016 basieren entscheidend auf dem sogenannten *4-Phasenplan*, den die hessische Umweltministerin und der Vorstandsvorsitzende der K+S AG im September 2014 unterzeichneten und der Öffentlichkeit präsentierten. Dieser sieht unter anderem eine Fortsetzung der Laugenversenkung bis Ende 2021 vor, schreibt aber auch deren endgültiges Ende zu diesem Termin fest. Weiterhin regelt der Plan eine Zeitschiene an Maßnahmen und Investitionen bis zu diesem Zeitpunkt, die bei Fortführung des Betriebs der Kaliwerke den Entsorgungsweg Versenkung ab Ende 2021 entbehrlich machen sollen.

Aber auch dieser 4-Phasenplan basierte auf dem bis dahin benutzten 3-D-Grundwassermodell, das die gesetzten Ansprüche nicht erfüllte, kritisiert die Staatsanwaltschaft.

Dennoch erließ das Regierungspräsidium Kassel am 17.12.2015 die Übergangserlaubnis und begründete das Fehlen einer Besorgnis gemäß § 48 WHG allein mit dem modifizierten Kurzgutachten des Behördengutachters. Die dem entgegenstehenden Passagen in den Stellungnahmen des HLNUG und des Thüringer Landesverwaltungsamts wurden in der Bescheidbegründung hingegen übergangen.

Dass der Staatsanwalt trotz alledem zu dem Schluss kommt, dass ein Strafverfahren nicht eingeleitet werden könne, bestätigt die Feststellung von Hans See zu Beginn dieses Buches, dass mit Einzelgesetzen einem solchen Zusammenwirken von Konzernen und Behörden nicht beizukommen ist.

Die Begründung der Staatsanwaltschaft für die Einstellung des Verfahrens fußt dann auch zum einen darauf, dass das Umweltstrafrecht ein Individualstrafrecht sei, und Rechtswidrigkeit nicht ausreiche.[14]

Zudem läuft der strafrechtliche Begriff der Drohung ins Leere, weil die Drohung wesentlich darin bestehe, dass der Druck mit dem Hinweis auf gefährdete Arbeitsplätze erzeugt wird. Dieses Muster wird uns immer wieder begegnen.

Die oben dargelegten Vorgänge erinnern sehr stark an den Wirecard-Betrug, bei welchem Wirecard gegen Privatpersonen und gegen eine Zeitung per Anzeige vorging, um sie einzuschüchtern. Und hinterher stellte sich heraus, dass die Kritik Recht hatte.

Die Aufklärung berührt auch sehr stark das Selbstverständnis der Grünen, nicht zuletzt, weil das involvierte hessische Umweltministerium gegenwärtig und seit längerer Zeit von prominenten Grünen geleitet wird und wurde: zurzeit von Priska Hinz (seit Januar 2014, aber auch schon unter Eichel, SPD von März 1998 bis April 1999). Außerdem war Joschka Fischer erster grüner Umweltminister unter Holger Börner, SPD, von 1984 bis 1987 und dann wieder unter Hans Eichel von April 1991 bis Oktober 1994. Die Grünen haben das hessische Umweltministerium seit den 80er Jahren bis heute insgesamt rund 17 Jahre geleitet. Daraus lassen sich schon Rückschlüsse auf die Durchsetzungsfähigkeit von Umweltschutzbelangen einer grünen Partei ableiten. Die positiven Seiten sind in der Regel bekannt, weil in der Politik Erfolge zählen. Dazu gehört in Hessen mit Sicherheit die Schließung der Hanauer Nuklearbetriebe.

Genauso wichtig aber ist die ehrliche Aufarbeitung von Misserfolgen und Fehlern!

Und zu diesen gehört eine sorgfältige Analyse der Durchsetzungsbedingungen zwischen Staat oder Kommunen und Unternehmen, besonders, wenn sie, wie K+S, in ihrem Tätigkeitsfeld weltweite Spitzenpositionen innehaben, also ›global player‹ sind.

Und für diese gehörte ›Ökodumping‹ immer schon zum Geschäftsmodell. Während die Gewinne zu den Aktionären fließen, werden die Kosten für die Schäden vergesellschaftet. Und zwar solange, wie es nur irgend geht.

Geldwäsche und kriminelle Immobilienwirtschaft – ein etwas anderer Schadensvergleich

Der EU-Abgeordnete der Grünen und Finanzexperte Sven Giegold geht nach seriösen Schätzungen von Geldwäsche im Umfang von rund 100 Milliarden Euro jährlich allein in Deutschland aus.

Dass Geldwäsche über Restaurants läuft, die von kriminellen Organisationen dafür benutzt werden, ist seit Jahrzehnten im öffentlichen Bewusstsein. Weniger bekannt ist die Anlage krimineller Gelder im Immobiliensektor, insbesondere seit der Phase der Nullzinspolitik, durch die Immobilien wegen der enormen Nachfrage nochmals im Wert gesteigert worden sind.

> »Der deutsche Immobiliensektor wird zunehmend zum Ziel milliardenschwerer Geldwäsche. Am 7. Dezember 2018 wurden in Berlin die Ergebnisse einer von *Transparency International* herausgegebenen und von Markus Henn, Finanzexperte der Entwicklungsorganisation *WEED*, verfassten Studie vorgestellt. Danach werden verstärkt aus dem Ausland stammende Gelder, deren Herkunft unklar ist bzw. auf kriminelle Handlungen zurückgeht, im deutschen Immobilienmarkt investiert. Allein im Jahr 2017 sollen es über 30 Milliarden Euro gewesen sein, sodass 15 bis 30 Prozent aller kriminellen Gelder inzwischen in den Erwerb von Immobilien fließen.« (BIG Business Crime Extra 2019)

Im selben und letzten Printheft von BIG Business Crime nimmt Joachim Maiworm diesen Faden auf, kommt aber zu einer bemerkenswerten Schlussfolgerung, die schon im zweiten Teil der Überschrift angedeutet ist: *Geldwäsche im Immobiliensektor – Staat und Wirtschaft als Koproduzenten der Kriminalität.*[15]

Die veröffentlichte Meinung lenke mit dem Fokus auf das *schmutzige Geld* davon ab, dass legale Geschäfte auch im Immobilienbereich weitaus größere gesellschaftliche Schäden anrichteten als kriminelle Aktivitäten.

Dazu gehört, dass letztlich die Mieter die Spekulationskosten bezahlen, so sie denn überhaupt noch angemessenen Wohnraum bekommen können. Von daher erklärt sich auch das erfolgreiche Volksbegehren in Berlin vom

26.9.2021, mit dem der Berliner Senat aufgefordert wird, »alle Maßnahmen einzuleiten«, die zur Überführung von Immobilien in Gemeineigentum erforderlich sind, und dazu ein Gesetz zu erarbeiten.[16]

Zu den schädlichen Folgen gehört aber auch, dass zunehmend Grundstücke für öffentlichen Bedarf wie Schulen, Kitas oder auch öffentlich geförderte Wohnungen fehlen.

Wenn aber legale Geschäfte größere Schäden anrichten als kriminelle, dann sollte die gesamte Öffentlichkeit eines Gemeinwesens nicht nur hellhörig werden, sondern gewaltig Alarm schlagen!

Leider ist das Gegenteil der Fall: Mit der Ethnisierung der Kriminalität werde von der Mitwirkung des deutschen Staates abgelenkt, sagt Maiworm. »Die Geldwäsche ist mit den Geschäftsinteressen der legalen Wirtschaft so eng verwoben, dass sich die Grauzone zwischen legalem und illegalem wirtschaftlichem Handeln stetig vergrößert und eine Grenzziehung kaum möglich erscheint.«

Wenn aber diese Grenzziehung derart schwierig wird, ist sie über Gesetze allein auch kaum zu bewältigen, sondern über eine Verständigung darüber, welche Wirtschaftsverfassung den Bedürfnissen der Menschen am besten gerecht wird. Dazu gehört auch eine Verständigung darüber, ob (nicht vermehrbarer) Grund und Boden tatsächlich wie eine Handelsware fungieren soll oder nicht vielmehr in die Hand des Staates und der Kommunen gehört. Nur dann kann über die Verwendung prinzipiell demokratisch entschieden werden. Des Weiteren könnte so die zur Zeit absolute Intransparenz auf dem Immobiliensektor überwunden werden.

Cum-Ex/Cum-Cum – ein Stück aus dem Tollhaus

Cum-Ex-Geschäfte sind Aktiendeals, bei denen der Staat massiv betrogen wurde. Dabei geht es um die Erstattungen für die von Banken eingezogene Quellensteuer, auf die ausländische Aktieninhaber entweder keinen Anspruch hatten oder um Steuerrückforderungen aufgrund von Doppelbesteuerungsabkommen. Privatpersonen holten sich so durch kurzfristige

Aktienverkäufe und Ankäufe rund um den Dividendenstichtag (Dividende mit = Cum bzw. ohne = Ex Dividendenberechtigung) Steuergelder, die ihnen ohne diesen Deal nicht zustanden. Privatpersonen, Firmen und Banken holten sich im Zusammenspiel vom Staat einmal bezahlte Steuer auf Dividenden aber nicht nur einmal, sondern auch mehrfach zurück.

Es handelt sich hier um ein besonders dreistes Stück Wirtschaftskriminalität, gleichfalls ein äußerst verwirrrendes, weil es alle Register der Verschleierung zieht. Schon dass Verkäufe von Aktien möglich sind, ohne dass man Aktien besitzt, leuchtet Laien kaum ein. Solche sogenannten *Leerverkäufe* sind aber üblicher Bestandteil im Aktiengeschäft. Der Gesetzgeber hat darauf verzichtet, den gesetzlichen Rahmen enger zu ziehen als es möglich wäre. Die Frage stellt sich natürlich: Warum?

Christoph Spengel, Steuerprofessor an der Universität Mannheim, bezifferte die Schäden für den deutschen Fiskus allein für die Jahre 2001 bis 2016 auf mindestens 31,8 Milliarden Euro. Für Frankreich kommen mindestens 17 Milliarden, bei Italien 4,5 Milliarden, für Dänemark 1,7 Milliarden und bei Belgien 201 Millionen Euro dazu. Für die anderen betroffenen Länder liegen keine offiziellen Zahlen oder belastbaren Marktdaten vor.

Spengel bezeichnete die Cum-Cum- und Cum-Ex-Geschäfte 2018 als »den größten Steuerraub in der Geschichte Europas«.[17]

Cum-Cum- und Cum-Ex-Geschäfte sind bereits seit 2014 ausführlich dokumentiert, deutsche Behörden wussten aber bereits seit 1992 (!), also 22 Jahre zuvor, dass Banken und Privatpersonen mit den Cum-Ex-Geschäften den Fiskus schädigen. Erst 2016, also nach insgesamt 24 Jahren, gab es dann eine Gesetzesänderung, die versuchen sollte, Cum-Cum-Geschäfte generell zu verhindern. Recherchen ergaben jedoch, dass die Geschäfte vermutlich bis Oktober 2018 und womöglich noch länger weiterliefen.

Wenn es Jahrzehnte dauert, bis staatliche Organe es nicht mehr vermeiden können, auf illegale Geschäfte mit Strafverfolgung zu reagieren, dann sagt das viel über die staatlichen Organe!

Die Vermutung liegt nahe, dass hier mehr dahintersteckt als Unfähigkeit bzw. Staatsversagen.

Die NGO »Bürgerbewegung Finanzwende« berichtet im April 2021, dass erst im März 2020 der erste strafrechtliche Cum-Ex-Prozess mit zwei Verurteilungen endete. Der zweite strafrechtliche Prozess habe im Herbst 2020 begonnen.

Mit diesem Thema befasste sich auch das BCC-Info 1/2017 unter dem Titel *The great Cum/Ex-Swindle*. Der Autor Benedict Ugarte Chacón, Politikwissenschaftler und Mitarbeiter der Linken Bundestagsfraktion, weist ebenfalls darauf hin, dass die damalige Landeszentralbank Hessen bereits 1992 in ihrem »Frankfurter Finanzmarktbericht« unter dem Titel *Dividendenstripping im Zwielicht* auf die Gefahr aufmerksam gemacht hatte. Er schildert das Zusammenwirken von reichen Geldanlegern, Banken, Berater- und Rechtsanwaltskonzernen, stellt aber fest:

> »Bei aller Dreistigkeit, die man Banken, Investoren und Beratern im Zusammenhang mit den Cum-Cum-/Cum-Ex-Deals zu recht vorwerfen mag – die Hauptverantwortung für den Steuerschaden tragen die staatlichen Institutionen, die jahrelang nicht verstanden haben, was diese Geschäfte anrichten…«[18]

Aber warum werden hier eigentlich staatliche Organe entschuldigt, indem man ihnen Naivität oder Dummheit unterstellt und zubilligt?

Staatliche Organe haben alle erdenklichen Möglichkeiten, sich entsprechenden Sachverstand einzuholen, wenn sie dies wollen. Sie sollten nicht ohnmächtiger dargestellt werden, als sie sind! Aber es müssen anscheinend erhebliche Kräfte organisiert werden, die sie ›zum Jagen tragen‹. Der Finanzexperte der Linken Fabio de Masi, der Cum-Ex und Cum-Cum zu Recht als »organisierte Kriminalität« bezeichnet, hat durch seine hartnäckige Intervention immerhin dafür gesorgt, dass Milliarden an Nachforderungen nicht still und stumm der Verjährung zum Opfer fallen.

Kriminelle Lieferketten – zurück in die Sklaverei?

MODERNE SKLAVEREI? betitelte Attac seine Bildungsmaterialien: »Wirtschaft demokratisch gestalten lernen« (Stand 6/2019).

Die Überschrift erscheint reißerisch – für Millionen von Menschen sind ihre Arbeitsverhältnisse aber ganz konkret eine so schwer zu ertragende Bürde, dass der Vergleich mit Sklavenarbeit nicht weit hergeholt erscheint. Genauer gesagt für schätzungsweise 40 Millionen Menschen im Jahr 2016!

> »Schätzungen zufolge leben weltweit mehr als 40 Millionen Menschen in sklavenähnlichen Verhältnissen – mehr als jemals zuvor in der Geschichte der Menschheit. In zahlreiche alltägliche Konsumgüter (und ihre Vorprodukte) ist mit hoher Wahrscheinlichkeit Sklavenarbeit eingegangen. Dies wirft zum einen die Frage auf, was politisch gegen diesen skandalösen Zustand getan werden kann, zum anderen aber auch die Frage, wie es heute generell um die globalen Arbeitsverhältnisse steht.«[19]

https://www.attac.de/bildungsangebot/bildungsmaterial

Das Bildmotiv für die Bildungsmaterial-Reihe wurde gut gewählt, weil es genau das Spannungsfeld zeigt, in dem Arbeitsverhältnisse unter den heutigen kapitalistischen Verhältnissen stehen, nämlich zwischen Geld und Recht.

Und obwohl Sklaverei und Sklavenhandel seit 1948 durch Artikel 4 der Allgemeinen Erklärung der Menschenrechte verboten sind, und es seit Anfang der 1980er Jahre keinen Staat mehr gibt, in dem Sklaverei rechtlich legitimiert ist, so hat diese heutzutage die Form von *moderner Sklaverei* angenommen (Zwangsarbeit, Schuldknechtschaft, Menschenhandel, Zwangsprostitution, Zwangsheirat oder Kindersoldaten). Von den weltweit betroffenen 40 Millionen Menschen arbeiten 26 Millionen unter Zwang in illegalen Fabriken, in der Landwirtschaft, auf Baustellen, in der Fischerei, in Bordellen oder auch in privaten Haushalten, nicht nur, aber meist im Ausland.

Die Sozialwissenschaftler Markus Wissen und Ulrich Brand sprechen in diesem Zusammenhang von einer »imperialen Produktions- und Lebensweise«[20]. Zugleich macht der Soziologe Stephan Lessenich mit dem Begriff der Externalisierungsgesellschaft darauf aufmerksam, dass die oft grausamen Grundlagen dieser Lebensweise an anderen Orten der Welt in aller Regel aus unserem Bewusstsein verdrängt werden. Dies spiegelt sich in der geringen Aufmerksamkeit für aktuelle Versuche, Menschenrechte im Bereich der Wirtschaft auf Ebene der UN verbindlich zu regulieren.

In den westlichen Industriestaaten käme es kaum jemandem in den Sinn, die Menschenrechte als universelle Normen *grundsätzlich* anzuzweifeln, doch allzu genau soll offenbar auch nicht hingesehen werden, wie im nächsten Abschnitt gezeigt wird.

2011 wurden die UN-Leitprinzipien für Wirtschaft und Menschenrechte verabschiedet. Gleichzeitig blockieren die Industriestaaten das aktuell von Ecuador und anderen Staaten des Südens angestoßene Verfahren, mit dem entsprechende Grundsätze tatsächlich *rechtlich verbindlich* werden könnten. Dies gilt nicht zuletzt für Deutschland und in der Folge für die EU. Hinter dieser Haltung stehen offensichtlich die Interessen transnationaler Konzerne, die fürchten, ernsthaft für Menschenrechtsverstöße entlang ihrer Lieferkette verantwortlich gemacht zu werden.

»Die Ausbeutung von Mensch und Natur sowie Kinderarbeit darf nicht zur Grundlage einer globalen Wirtschaft und unseres Wohlstands werden.« Dies fordert in großen Lettern Bundesentwicklungsminister Dr. Gerd Müller (CSU) Anfang 2021 auf der Homepage des Bundesministeriums für wirtschaftliche Zusammenarbeit und Entwicklung und bezeichnet dies dort als »die soziale Frage des 21. Jahrhunderts«.

Im Gegensatz zu vielen anderen MinisterInnen kann man ihm durchaus eine ehrliche Absicht unterstellen, schließlich wurde er lange genug von der Bundeskanzlerin ausgebremst.

Kaum ein Minister bekommt die Realität so hautnah mit wie der Entwicklungsminister, wenn er dem nicht ausweicht. Und als gelerntem (Dipl.) Wirtschaftspädagogen sollten ihm ›Dritte-Welt‹-Probleme und ähnliche Themen von seiner Ausbildung her nicht fremd sein.

AktivistInnen der Initiative Lieferkettengesetz protestieren am Morgen vor dem Tagungsort des Deutschen Arbeitgebertages in Berlin.
© Initiative Lieferkettengesetz

»Für die Gewinne deutscher Unternehmen bezahlen viele«, schreibt dagegen die »Initiative Lieferkettengesetz« Berlin und nennt Beispiele:

- »Der mangelhafte Brandschutz in einer KiK- Zulieferfabrik in Pakistan führt zum Tod von 258 Menschen.
- Durch den Dammbruch bei einer brasilianischen Eisenerzmine sterben 272 Menschen – obwohl der TÜV Süd Brasilien kurz zuvor die Sicherheit des Damms zertifiziert hat.[21]
- Vor einer Platin-Mine in Südafrika werden 34 streikende Arbeiter erschossen und BASF macht mit dem Betreiber der Mine weiterhin gute Geschäfte.«[22]

Am 4. März 2021 – sechs Monate vor Ablauf der Legislaturperiode – einigte sich das Bundeskabinett auf einen »Gesetzesentwurf über die unternehmerischen Sorgfaltspflichten in Lieferketten«. Ein entsprechendes Gesetz war im Koalitionsvertrag zwischen SPD und CDU/CSU vereinbart.

Nicht nur die späte Eingabe ins Gesetzgebungsverfahren, sondern auch die gewählten Rechtsbegriffe zeigen schon jetzt, dass es mehr als zweifelhaft ist, ob mit einem derartigen Gesetz wirklich menschen- und umweltschädigendes kriminelles Handeln wirksam angegangen werden kann.

Auf der Homepage der Bundesregierung findet sich die folgende Formulierung (kursiv H. S.):

> »Die Verantwortung der Unternehmen soll sich entsprechend des neuen Gesetzes auf die gesamte Lieferkette erstrecken, *abgestuft nach den Einflussmöglichkeiten*. Die Pflichten müssen durch die Unternehmen in ihrem eigenen Geschäftsbereich sowie gegenüber ihren *unmittelbaren* Zulieferern umgesetzt werden. Mittelbare Zulieferer werden einbezogen, sobald das Unternehmen von Menschenrechtsverletzungen auf dieser Ebene *substantiierte Kenntnis erhält.*«[23]

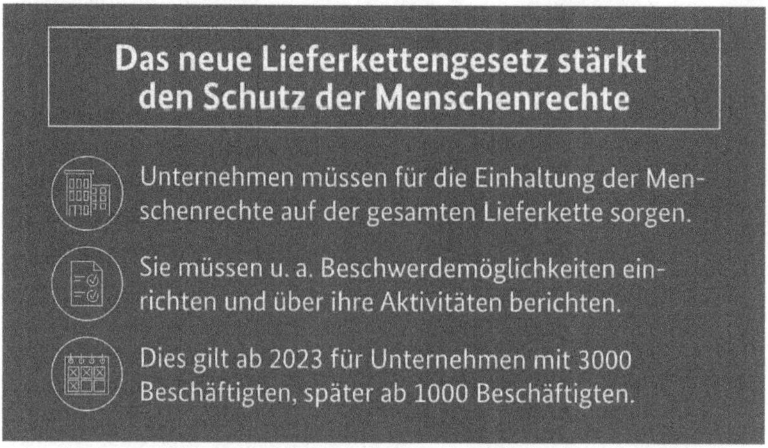

https://www.bundesregierung.de/breg-de/suche/lieferkettengesetz-1872010

Hier sind bereits die Sollbruchstellen mehr als deutlich markiert: Durch die Praxis der Subunternehmerketten sinkt die Verantwortung beim Unternehmen am Beginn der Kette; die Beschränkung auf unmittelbare Zulieferer verstärkt dies nochmals. Und auch die Aufklärungsarbeit wird nicht gerade erleichtert.

Auch die oben stehende Zusammenfassung von der Regierungs-Homepage (Grafik) deutet darauf hin, dass die internationalen Produktions- und Handelsbeziehungen durch dieses Gesetz eher zum Gegenstand von Berichten und der Öffentlichkeitsarbeit (PR) der betreffenden Unternehmen werden als zum Gegenstand von realen Verbesserungen.

»Es ist ein Gesetz mit Zähnchen«, kommentiert selbst das Handelsblatt (Frank Specht am 14.02.2021). Greenpeace nennt den Gesetzentwurf einen »ausgehöhlten Papiertiger«, die Initiative Lieferkettengesetz bezeichnet es als »Anreiz zum Wegschauen statt präventiver Menschenrechtsschutz«.

Tatsächlich ginge »eine gesetzliche Regelung mit Zähnen« an die Substanz der renditeorientierten Wirtschaft, deren Pendant und gleichzeitige Voraussetzung eben die oben beklagte Ausbeutung von Arbeitskräften ist. Ein solches Strukturmerkmal der kriminellen Ökonomie gilt es gerade zu überwinden!

Die Diskrepanz zwischen den Forderungen einer aufgeklärten Öffentlichkeit und dem Regierungshandeln ist ebenso groß wie von grundsätzlichem Charakter.[24]

In den Auseinandersetzungen um das Lieferkettengesetz sammeln sich wie in einem Brennglas die vereinigten Probleme und Gegensätze zwischen Ökonomie und Menschenrechten: Globalisierung, Verkettung von Unternehmen, das Ausnutzen eines jeden kleinen Vorteils bei gleichzeitiger Ablehnung jeglicher Verantwortung, Rechtsverstöße, mangelnde Kontrolle, Wegsehen.

Auch der Versuch, die immer wieder aufflackernden schrecklichen Bilder von den ›Kollateralschäden‹ wenigstens kosmetisch zu bannen, gehört dazu. Denn nicht nur die Unternehmen operieren weltumspannend, auch die Bilder verbreiten sich global. Und sie können nicht immer rechtzeitig abgefangen werden.

Insofern ist das Lieferkettengesetz und seine bisherige und zukünftige Geschichte durchaus ein Musterbeispiel für das Grundanliegen dieses Buches. Denn es wird grundsätzlich festgestellt, dass ökonomisches Handeln (auch im globalen Bereich) sich gegebenenfalls öffentlich rechtfertigen muss. Das ist immer schon *eine* Voraussetzung für demokratische Einflussnahme. Allerdings drückt sich das Gesetz vor den Konsequenzen und schwächt damit den potentiellen Rechtfertigungsdruck wieder ab.

»Die Betroffenen bleiben angstvoll stumm und wagen nicht, vor Gericht zu gehen…« – Das verbogene Arbeitsrecht

Nicht zufällig kreisen die Probleme der kriminellen Ökonomie immer wieder um das Arbeitsverhältnis, gehört es doch zum ›Grundwiderspruch von Arbeit und Kapital‹.

Werner Rügemer hat in seinem neuen Buch Imperium EU – Arbeits-Unrecht, Krise, neue Gegenwehr (2020) die Europäische Union mal von einem anderen Standpunkt als den üblichen ausgeleuchtet, nämlich vom Standpunkt des Arbeitskraftverkäufers bzw. der Arbeitsplatzverkäuferin.

Und er kommt dabei zu einem vernichtenden Ergebnis, weil die immer wieder aufflammende öffentliche Auseinandersetzung über Lieferketten nur die Spitze eines riesigen Eisbergs ist, der sich mitten durch Europa schiebt. An diesem Eisberg zerschellen Menschenrechte wie auch erkämpfte Errungenschaften des Arbeitsrechts. Gewerkschaftliche Organisierung wird ebenso zerstört wie betriebliche Einflussnahme in Form von Betriebsräten. Und das nicht nur in der Peripherie, wie es in der Auseinandersetzung um das Lieferkettengesetz zu sein scheint, sondern auch im Zentrum der Europäischen Union.

Denn die teils gravierenden Verletzungen von Arbeits- und Menschenrechten im *ärmeren* Teil der EU ermöglichen auf der anderen Seite erschwingliche Konsumentenpreise und vor allem gute Renditen in den *reicheren* EU-Staaten.

Im Lissabon-Vertrag ist ausdrücklich festgehalten, die EU zum wettbewerbsfähigsten Wirtschaftsraum der Welt zu machen. Und dafür werden insbesondere die Arbeitsbedingungen benutzt, die sich diesem Anspruch unterzuordnen haben. Dafür steht das bekannte Instrumentarium von der ›Flexibilisierung‹ der Arbeitsverhältnisse über die Aufweichung des Kündigungsschutzes bis hin zu niedrigen Löhnen und Gehältern zur Verfügung.

Im Zusammenhang mit gehäuften Corona-Infektionen wurde der Marktführer der Schlachtkonzerne Tönnies ins Licht der öffentlichen Wahrnehmung gezerrt. Dabei war alles, was diesbezüglich herauskam, nicht neu – egal. Ob es also die nicht gerade gesundheitsfördernden Arbeitsbedingungen, die Nichtbeachtung von Gesundheitsvorschriften oder auch die katastrophalen Wohnverhältnisse der FleischarbeiterInnen waren – dies alles war letztlich bekannt. Aber wegen der Betroffenheit eines ganzen Landkreises im Zuge der Corona-Bekämpfung schafften es diese Arbeitsbedingungen tatsächlich ins grelle Scheinwerferlicht der Öffentlichkeit. Und für ein paar Tage wurde dann sogar über Gesetzesänderungen im Arbeitsrecht öffentlich nachgedacht.

Rügemer rückt dies in den dabei kaum erwähnten Zusammenhang mit der *Rolle deutscher Unternehmen in der EU*:

> »Deutschland wurde mit EU-Beihilfen zum Führungsstaat bei der Mehrfachausbeutung von Fleischarbeitern: Betrügerische Werkverträge (gefakte Leiharbeit); gesundheitsschädigende Arbeitsbedingungen; unbezahlte Überstunden; Abzüge für Vermittlungskosten, Fehlverhalten, Transporte und überhöhte Mieten (Mietwucher): modernste Sklaverei. Die Betroffenen bleiben angstvoll stumm und wagen nicht, vor Gericht zu gehen. (…)
> Bis zu 80 Prozent der Beschäftigten sind Werkvertragler. Marktführer Tönnies bezog sie aktuell von mindestens zwölf verschiedenen Vermittlern. Die ArbeiterInnen kommen aus den durch die EU verarmten Staaten: Hohe Arbeitslosigkeit, niedrigste Niedrig- und Mindestlöhne, in Moldau 200 Euro im Monat. Sie kommen oft für zwei, drei Jahre, dann werden sie erschöpft ausgetauscht.«[25]

Diese Rolle schafft eine ökonomische und soziale Struktur, die andere EU-Staaten wiederum zum Handeln zwingt. Deren Regierungen versuchen immer wieder, das deutsche Modell zu kopieren, bedienen damit aber lediglich eine Spirale nach unten.

Deutschland, das sich allzu gern als ›Musterknabe‹ präsentiert, unterläuft hier sogar die Arbeitsrechtsnormen aller Nachbarländer.

> »Deshalb gründeten die Schlachtkonzerne Vion N.V. aus den Niederlanden und Danish Crown aus Dänemark im führenden ArbeitsUnrechts-Paradies

> große Schlachthäuser (…). Deutschland, von der EU gefördert, zog das Arbeits-Unrecht an und wurde nach den USA der größte Exporteur von Billigfleisch.«[26]

Rügemers vernichtendes, aber nach diesen Schilderungen sicherlich verständliches Urteil: »Kein Bereich des Rechts in der EU kennt ein solches verrechtlichtes Unrecht *und* ein solches Vollzugsdefizit *und* eine solche Grau- und Dunkelzone der systemischen Illegalität.«[27]

Man sieht auch hier, dass die Grenzen zwischen illegalem Unternehmensverhalten und dem noch legalen Unterlaufen von Arbeitsrechtsstandards fließend sind, aber zusammengehören, und dass Rechtsverstöße Unrecht produzieren, wenn sie nicht verfolgt werden (können).

Zwischenfazit

Die Auswahl an Feldern, in denen die kriminelle Energie in der Wirtschaft mehr oder weniger ihre Wirkung entfaltet, zeigt bereits mehr als deutlich, dass die Grenze von Legalität zu Illegalität oft nur schwer zu ziehen ist. Sie zeigt aber auch, dass nicht alles verschwimmt, sondern die Tatbestände durchaus ge- und erfasst werden könnten, wenn man sich bemühen würde, sie nach und nach aufzuarbeiten.

90 % der Bevölkerung sind von den Schädigungen betroffen. Diese aber werden zumeist nicht beziffert bzw. die Bezifferung dringt nicht ins breite öffentliche Bewusstsein.

Die Kollateralschäden sind aber keine Schönheitsfehler, sondern erhebliche Systemschäden. Sinnlich wahrgenommen werden aber i.d.R. nur Einzelfälle. Oder wie es Hans See bereits in seinem Buch KAPITAL-VERBRECHEN 1992 formulierte:

> »Wenn man den Schleier der Werbung lüftet, mit dem wir Tag für Tag, Jahr für Jahr eingesprüht und eingehüllt werden, von den umsäuselnden bis marktschreierischen, jedenfalls die Verführungskünste ausnutzenden Medien bis zu den schicken Konsumtempeln und ›Einkaufsparadiesen‹, sieht die kapitalisti-

sche Warenwirtschaft nicht mehr so sanft, schick und geschmeidig aus, wie sie sich gerne darbietet. (…)

Wenn die Menschen in den reichen Kapitalstaaten nicht nur die enormen Wachstumskräfte und eindrucksvollen Leistungen, sondern auch die anderen Folgen der Kapitalverbrechen sehen, spüren, hören oder riechen könnten, dann hätte eine reformsozialistische, ökologische Politik größere Verwirklichungschancen.«[28]

Ja – ***wenn*** man die Folgen riechen, spüren oder sehen könnte … *wenn*! Erschwerend kommt hinzu, dass diese unschöne Seite der Wirtschaft regelmäßig und propagandistisch bedauernd als Ausnahme von der Regel dargestellt wird.

Mehr noch: Täglich prasseln die wunderschönen Bilder und Filmsequenzen der so wunderbaren Welt der Werbung, des Glitzers und Glamours, der Supertechnik, der neuesten Spiele, Urlaubsparadiese und der heitersten Erleichterungen des Alltags über die kleinen und großen Medien auf uns ein und über die Monitore und zeigen dort in knallbunten und sinnfreien Bildern, wie leistungsfähig dieses Wirtschaftssystem ist – was es in dieser Hinsicht tatsächlich auch ist.

Wer dennoch solche ›Abbilder‹ nicht für die Realität nimmt, wer sich den kritischen Verstand nicht ausblenden lässt oder wer die zuckersüßen Seiten ohnehin kaum ertragen kann, weil er zu der Mehrheit der Weltbevölkerung gehört, die davon nicht einmal träumen kann, der oder die kommt kaum daran vorbei, sich mit dem Systemcharakter der kriminellen Seite des Wirtschaftens zu befassen.

Und die Zeiten eines scheinbar *friedlichen* Wettbewerbs auf den Märkten sind längst vorbei, wenn sie denn je überhaupt friedlich waren.

Seit langem gab es nicht solche heftigen Konkurrenzkämpfe innerhalb der Gesellschaft wie vor allem zwischen den Staaten. Handelskriege, Wirtschaftskriege, Sanktionen feiern Auferstehung. Diesmal sogar zwischen Staaten, die ›befreundet‹ und verbündet sind: die USA gegen die EU, die NATO-Partner Griechenland und Türkei gegeneinander, England gegen die EU. »Jetzt beginnen die gefährlichen Jahre« titelt die FAZ vom 11.2.2021, wohlgemerkt *nachdem* Trump abgelöst und Biden sein Amt als US-Präsident angetreten hat.

Und in Kriegen gleich welcher Art gerät als erstes die Wahrheit unter die Räder und dann das Recht und der Rechtsstaat.

3. Das Kapital strebt nach eigenem Recht: die inhärente Kriminalitätsaffinität

Hans See weist explizit auf die *inhärente* Kriminalitätsaffinität der kapitalistischen Wirtschaft hin. In den beiden bereits zitierten Bänden und anderen Veröffentlichungen geht er sogar so weit, »hinter den … Weltproblemen unserer Epoche – und zwar als deren Hauptursache – die Wirtschaftsverbrechen« zu verorten. Dies ist ein ebenso gewichtiger wie grundsätzlicher Vorwurf. Und es geht im Kern um die Frage, inwieweit sich das Kapital in Gestalt seiner multinationalen weltweit operierenden Konzerne an bestehende Rechtsnormen zu halten gewillt ist, geschriebene wie ungeschriebene. Denn unbestritten sind soziale Gerechtigkeit, Menschen- und Umweltschutz die normativen Vorgaben unserer Gesellschaft. Das durch die kapitalistische Konkurrenz bedingte Ranking von Profitraten als Grundlage für Investitionsentscheidungen ist aber eine völlig andere normative Vorgabe.

Dies zeigt sich ja gerade an den Abgasbetrugsstrategien, der Ver- und Behinderung des Verbots von gesundheitsschädlichen Pestiziden, am Beispiel der Lebensmittelfälschungen, an den verbotenen Preiskartellen, der Geldwäsche, bei den Steuerbetrugsstrategien u.v.m. Sie alle werden in der Regel als ›Skandale‹ bezeichnet und damit folglich als Ausnahmeerscheinungen.

Die Frage stellt sich, warum dies mit solcher Hartnäckigkeit und Ignoranz von den vorherrschenden Meinungsmachern betrieben wird. Denn mindestens Zweifel am *isolierten* Charakter solcher ›Skandale‹ müssten inzwischen am Verstand nagen. Und das tun sie vermutlich auch mehr, als es in der veröffentlichten Debatte zum Vorschein kommt.

Aber für jeden Zweifel gibt es bekanntlich psychologische Rationalisierungsstrategien, um die Zweifel zu besänftigen oder gar beiseite zu räumen:

- Die eine ist, dass man die inhärente Kriminalitätsaffinität der Wirtschaft im Verhältnis zu den Vorteilen für vernachlässigbar hält und deshalb ›Schonbegriffe‹ benutzt. Die Vorteile überwiegen die Nachteile, weshalb Erstere herausgestellt, Letztere aber in den Hintergrund gedrängt werden.
- Die zweite ist, dass man bestimmte kriminelle Verhaltensweisen *subjektiv* gar nicht für kriminell hält, dies aber nicht offen zugeben würde. Dies zeigt sich immer wieder in Bezug auf die Behandlung von Steuer*oasen*, Steuer*vermeidung* oder geläufige Redewendungen wie etwa: *Nur Dumme zahlen Steuern.*
- Die dritte Möglichkeit ist, dass man sich der inhärenten Kriminalitätsaffinität sehr wohl bewusst ist, aber alles tut, sie zu leugnen, weil man von den Vorteilen überproportional profitiert und nicht möchte, dass sich dies ändert. Dieser Standpunkt kann von Vorstandsmitgliedern eines Dax-Konzerns mit Extra-Boni ebenso eingenommen werden wie von einem Facharbeiter oder einer Fachfrau, der oder die um den eigenen Arbeitsplatz fürchtet. Letztere haben allerdings – entgegen den Vorstandsmitgliedern – nicht annähernd die Macht und die Möglichkeiten, eine vernünftige Lösung herbeizuführen.

Diesen Erklärungsansätzen soll im Folgenden nachgegangen werden. Tatsächlich ist die Ambivalenz des Kapitals nicht neu.

> »Wer über die Rolle der kapitalistischen Wirtschaftsweise bei der Entstehung der modernen Demokratie, des Liberalismus, der Arbeiterbewegung, des Sozialstaatsprinzips nachdenkt, gerät unversehens hinein in die Dialektik der Verbrechen des Kapitals. (…) Marx und Engels haben im ›Kommunistischen Manifest‹ auf diesen Aspekt hingewiesen und ihre Bewunderung für die revolutionäre Seite des Kapitals nicht verborgen.«[29]

Denn »die Befreiung der Menschen von überlebten moralischen Fesseln und ständischen Sozialstrukturen, der wissenschaftlich-technische und ökonomische Fortschritt, Wirtschaftswachstum und Massenwohlstand ließen noch die schlimmsten Verbrechen als unversiegbare Quelle der wirtschaftlichen Produktivität und als ökonomische Voraussetzung der individuellen Freiheit erscheinen.«[30] Jedenfalls für einen großen Teil der Menschen in den industrialisierten Staaten, dies muss man wohl einschränkend hinzufügen.

Inzwischen befinden wir uns aber nicht mehr im 19. Jahrhundert. Die Schäden der unaufhörlichen Kapitalakkumulation (umgangssprachlich der ›Wachstumsspirale‹) haben sich dermaßen vergrößert, dass die Zeiger in der öffentlichen Debatte meist auf ›fünf vor Zwölf‹ stehen. Und bis auf wenige Leugner (darunter allerdings auch der ehemalige Präsident des mächtigsten Staates dieser Erde – insofern noch eher dem 19. Jahrhundert verhaftet) haben sich die Einsichten, mindestens die wissenschaftlichen, verschoben. Eine ›sozial-ökologische Transformation‹ gehört heute durchaus zum Mainstream-Vokabular, solange jedenfalls, wie sie nicht genauer beschrieben und beziffert wird. Auch das Wohl der Allgemeinheit, dem der Gebrauch des Eigentums nach dem Grundgesetz dienen soll, findet immer mehr Anhänger.

> »Eine moderne Sozialwissenschaft, die diese dialektische Logik der Produktivkraft von Verbrechen unter dem Aspekt der sozialen und demokratischen Entwicklung einer Weltgesellschaft zu Ende dächte, könnte freilich zu der Erkenntnis kommen, dass die Grenze erreicht, vielleicht schon überschritten ist, hinter der der Schutz des Eigentums vor jenen, die es in Frage stellen, nicht nur schädlich, sondern zur tödlichen Gefahr für die Menschheit geworden ist.«[31]

Dies schrieb Hans See bereits vor fast 30 Jahren.

Und die *Arbeitsgruppe Alternative Wirtschaftspolitik* hält in ihrem neuesten MEMORANDUM 2021 fest: »Eine ›Heißzeit‹ ist bei weiterhin ungebremstem Klimawandel sehr wahrscheinlich und mit katastrophalen, unvorstellbaren Folgen verbunden. Aber diese zukünftigen Katastrophen – z. B. extreme Hitzewellen, ein enormer Meeresspiegelanstieg und drastische Wetteranomalien – scheinen noch weit weg…«[32] Und deshalb wird es Zeit, auch die vorgenannte dritte Möglichkeit endlich ad acta zu legen und sich der inhärenten Kriminalitätsaffinität sehr wohl bewusst zu werden, bevor es zu spät ist.

Wenn Kapital zum *Flucht*kapital wird...

Ungeheure Mengen an Kapital werden weltweit vor dem Zugriff für gesellschaftlich notwendige und nützliche Zwecke versteckt: in den modernen Seeräuberhöhlen, die allerdings nicht so genannt werden, sondern im endlosen Strom der medialen Sprachprägung zu Steuer*oasen* und sogar zu Steuer*paradiesen* um- und der Gesellschaft eingeprägt wurden.

Es ist ja nicht so, dass nicht andere, treffendere Begriffe zur Verfügung stünden wie etwa: ›Fluchtgelder‹, ›Schleusersysteme‹ oder ›Geldwaschanlagen‹. Aber damit wäre ja schon ein moralisches Urteil verbunden. Und moralische Urteile könnten auch mal zu echten Urteilen werden.

Man erkennt hier übrigens nicht nur die Macht über die Begriffe, sondern gerade auch den Standpunkt derjenigen, die sie prägen. Für diese Gesellschaftsschicht, dieses eine Prozent der Bevölkerung (vielleicht auch noch etwas darunter) *sind* es wahrlich Oasen und Paradiese, die den Reichtum nicht nur zu vergrößern, sondern auch zu konzentrieren helfen.

Und diese Personen schaffen geschätzt bis zu 36 Billionen US-Dollar jährlich in die Räuberhöhlen. Die Schätzungen der Steuereinnahmen von Privatpersonen, die der Gemeinschaft entgehen, belaufen sich auf weltweit etwa 255 Milliarden Dollar pro Jahr. Welche Sozial-, Gesundheits- oder Bildungsprogramme könnten damit finanziert werden!

Bei den *Unternehmen* ist die Steuerflucht sogar die Regel: 90 % der 200 größten Unternehmen sollen Ableger in Steuer*oasen* halten. Dies zulasten der Gemeinschaft, die Kosten für die ehrlichen Steuerzahler belaufen sich auf 500 bis 600 Milliarden US-Dollar pro Jahr allein an verlorenen Körperschaftsteuereinnahmen.

Und auch die Störung der sonst so gepriesenen Marktwirtschaft ist beträchtlich: Denn je größer dieser ›Wettbewerbsvorteil‹ ins Gewicht fällt, desto mehr werden kleinere Unternehmen abgehängt und der Konzentrationsprozess gefördert.

Tatsächlich bewegen wir uns hier auf einem Gelände, das *noch nicht* zur kriminellen Wirtschaft zählt, aber kurz davor ist.

Wie sehr diese Form des Verbergens, Verbringens, der ›Briefkastenfirmen‹, des Surfens am Rande der kriminellen Wirtschaft in unserer Gesellschaft – und das heißt zuvorderst in ihren obersten Schichten – verbreitet ist, haben die Panama-Papers offengelegt. Solche Enthüllungen geschehen regelmäßig unter Inkaufnahme großer persönlicher Risiken, wie die Ermordungen von AufklärerInnen auf Malta, in Tschechien und anderswo gezeigt haben.

Es sind aber nicht nur weit entfernte Orte, die dem Unterschlupf dienen, sondern auch sehr zentral gelegene und beliebte Urlaubsziele wie die Niederlande und vor allem ein Zentrum der EU: Luxemburg. Dessen ehemaliger Finanzminister und Ministerpräsident Jean-Claude Juncker, ebenfalls in den Panama-Papers und außerdem bereits 2014 in den ›Luxemburg-Leaks‹ erwähnt, wurde dennoch zum EU-Präsidenten gewählt und mit über 78 Ehrendoktorwürden und Orden überhäuft.

Das hinderte ihn zudem nicht daran, öffentlich gegen Steuerflucht aufzutreten und gleichzeitig hinter den Kulissen den Kampf dagegen zu sabotieren; welch ein Schauspiel, wenn es denn auf öffentlicher Bühne aufgeführt worden wäre. Shakespeare würde vor Neid erblassen.

Wenn wir einen Blick zurück ins 19. Jahrhundert werfen, finden wir die Seeräuberei schon in der ›ursprünglichen Akkumulation‹, wie sie Marx beschrieben hat (was in den Lehrbüchern als ›Industrialisierung‹ bezeichnet wird).

Das kriminelle Element war also von Anfang an strukturbildend ausgeprägt. »Strukturelle Räuberei, das ist der harte Kern der Kapitalverbrechen«[33], wie Hans See sagt.

In seinen Büchern weist er sowohl wissenschaftstheoretisch als auch durch unzählige konkrete Beispiele nach, dass zwischen dem illegalen und dem legalen Kapital eine Trennschärfe nur schwer herzustellen ist. Und er schlägt deshalb vor, diesem »Wechselverhältnis zwischen dem legalen und dem illegalen Kapitalismus«[34] innerhalb der Bürgerbewegungen nachzuspüren.

Dazu ist aber, wie ausgeführt, das Feld der Justiz und der Gesetze zu eng. Hier muss die gesamte Produktionsweise in den Blick genommen werden.

In seinem Buch WIRTSCHAFT ZWISCHEN DEMOKRATIE UND VERBRECHEN – GRUNDZÜGE EINER KRITIK DER KRIMINELLEN ÖKONOMIE von 2014 geht er einen Schritt weiter und spricht davon, »dass die legale und die illegale Wirtschaft ein Komplementärsystem bilden. Seriöse Wirtschaftsunternehmen betreiben einen Teil ihrer Geschäfte jenseits geltenden Rechts und sie kooperieren dabei mit dem Organisierten Verbrechen, mit Parteien, Politikern, Interessenverbänden (Lobbyisten), Medien und Geheimdiensten. Sie wickeln – und dies weitgehend ungestört – alle Geschäfte ab, deren Legalisierung selbst in den liberalsten kapitalistischen Demokratien politisch nicht mehr durchsetzbar ist.«[35]

Dies wird von der *CORNET-Forschungsgruppe* an der Universität Amsterdam bestätigt. Milan Babic, Eelke Heemskerk und Jan Fichtner halten in ihrem Aufsatz WER IST MÄCHTIGER – STAATEN ODER KONZERNE? fest:

> »Beginnen wir mit dem Offshore-Finanzwesen. Globale Unternehmen nutzen verschiedene Rechtsräume, um eine Besteuerung oder Regulierung in ihrem Heimatland zu vermeiden. Schätzungen zufolge gehen Staaten so weltweit rund 500 Milliarden US-Dollar pro Jahr an Steuereinnahmen verloren. Wenn Staaten sich selbst als Steueroasen positionieren, untergraben sie die Fähigkeit von ›Onshore‹-Staaten, Unternehmen und reiche Einzelpersonen zu besteuern – was ein Grundpfeiler von Staatsmacht ist.
> Abgesehen von den Steueroasen sind zahlreiche Regierungen von EU-Staaten für ihre ›Amigo-Geschäfte‹ berüchtigt geworden, die die Steuerlast für bestimmte Konzerne in drastischem Ausmaß reduziert haben. Des Weiteren hat unsere CORNET-Forschungsgruppe an der Universität Amsterdam kürzlich fünf Länder identifiziert, die eine zentrale Rolle bei der Beförderung von Steuervermeidung spielen: Großbritannien, die Niederlande, die Schweiz, Irland und Singapur. Jedes dieser Länder ermöglicht es multinationalen Konzernen, Investitionen zu minimalen Kosten zwischen Steueroasen und Onshore-Staaten zu verschieben.«[36]

Es ist also nicht damit getan – was bisher nicht gelungen, aber immerhin als wünschenswert auch in der Öffentlichkeit angekommen ist – den Kleinststaaten ihr Steuerfluchtmodell auszutreiben. Solange die gnadenlose Konkurrenz nicht durch Kooperation oder wenigstens Kooperationsmodelle überwunden wird, wird Heuchelei die vorherrschende Attitüde bleiben.

Die Vermischung mit kriminellen Machenschaften hat Wolf Wetzel, früherer stellvertretender Vorsitzender von BCC, in BIG Business Crime (Heft 4/2016) am Beispiel einer der schillerndsten Geheimagenten Deutschlands, Werner Mauss, dargelegt.

Geheimkonten in Steuervermeidungsterritorien werden sowohl von Firmen als auch von staatlichen Institutionen genutzt, der Kampf dagegen sei eine »lupenreine Placebo-Veranstaltung«[37]:

> »Wenn etwa in- und ausländische Geheimdienste illegale Operationen durchführen, wie zum Beispiel die Unterstützung rechter Parteien in Portugal nach dem Sturz der Caetano-Diktatur 1974, die Bewaffnung der Contras in Nicaragua in den 80er Jahren durch den CIA…, dann wird das nicht in den jeweiligen nationalen Haushalten ausgewiesen. Dann benutzt man denselben Weg wie die Firmen und Konzerne: Briefkastenfirmen, Tarnfirmen, Strohmänner. Es ist genau dieser gemeinsame Nutzen, der sie vereint und vor politischen und gesetzlichen Veränderungen schützt.
> In diesem Kontext ist es dann auch mehr als aufschlussreich, dass der deutsche Finanzminister Schäuble als ›Konsequenz‹ aus dem Panama-Skandal nicht etwa das Verbot solcher ›Briefkastenfirmen‹ ankündigt, sondern ein internationales Register, das die Personen aufführen soll, die sich hinter den ›Strohmännern‹ verbergen. Er möchte also nicht den Untergrund verbieten, sondern als Gatekeeper sicherstellen, dass nur ›die Richtigen‹ auch Zutritt erhalten.«[38]

Nun sind Geheimdienste sicherlich nicht die entscheidende Säule von Demokratie und Rechtsstaatlichkeit. Dennoch unterliegen sie zu Recht einem parlamentarischen Kontrollgremium. Und die Gefahr ist groß, dass über solche Strukturen, wie sie Wolf Wetzel beschrieben hat und wie sie vor allem auch im Bereich des Waffenhandels nicht untypisch sind, eine Gewöhnung befördert wird, die auch noch das kriminellste Regime als akzeptablen Geschäftspartner erscheinen lässt.

Die Übergänge zwischen der kriminellen und der legalen Wirtschaft sind fließend

»Banken helfen Terroristen und Drogendealern«, titelt die FR vom 23.9.2020 in einem Bericht über die ›FinCEN-Files‹, einem Datensatz, der nach der US-amerikanischen Anti-Geldwäsche-Behörde ›Financial Crimes Enforcement Network‹ benannt ist. Dieser kam durch eine monatelange internationale Recherche unter Beteiligung von mehr als 400 JournalistInnen ans Licht. Insgesamt handelt es sich nach Angaben der Tagesschau vom 21.5.2021 um mehr als 2100 Geldwäsche-Verdachtsmeldungen. Die Gesamtsumme, die in diesen Transaktionen abgewickelt worden ist, liege bei etwa zwei Billionen US-Dollar. Die Verdachtsmeldungen haben Banken in den Jahren 2000 bis 2017 bei der US-Anti-Geldwäsche-Behörde angezeigt, wobei der überwiegende Teil von 2014 bis 2017 stammt. »Die Recherche zeige, wie kaputt das System der internationalen Geldwäscheüberwachung ist, denn beteiligt waren auch fünf der mächtigsten Banken der Welt. Und alle erklärten, sie nähmen die Geldwäschebekämpfung sehr ernst«, kommentiert die FR.

Die Süddeutsche Zeitung (SZ) vom 9./10.1.2021 veröffentlicht einen Beitrag von Markus Zydra unter dem Titel »Steuerbetrug, illegale Prostitution, Drogenhandel, Waffenschmuggel – die Erlöse aus kriminellen Geschäften fließen durch Geldwäsche zurück in die Wirtschaft.«

Und schlimmer noch: »Mit Geldwäsche unterwandern internationale Verbrecherorganisationen die freiheitliche Welt. Ein Angriff auf die Demokratie, den die Politik nicht ernst genug nimmt.« (SZ)

Nun sind es aber gerade nicht nur ›internationale Verbrecherorganisationen‹, sondern ›respektable‹ Unternehmen, die solches tun. Aber dies wird weder in der Kritik der politischen Ökonomie noch in der politischen Bildung entsprechend aufgearbeitet. Und es zeigt sich ein weiteres Mal, dass die Grenzen zwischen der kriminellen und der legalen Wirtschaft fließend sind oder besser gesagt: zwei Seiten einer Medaille.

Geldwäsche

Und umgekehrt fließt illegal erworbenes Geld wieder ›gewaschen‹ (auch ein sauberer Begriff) in die legalen Sphären der Wirtschaft: Steuerbetrug, illegale Prostitution, Drogenhandel, Waffenschmuggel.

Sobald Geld oder unternehmerisches Kapital wieder in legalen Formen angelegt ist, also seine Form gewechselt hat, kann man ihm seine Herkunft nicht mehr ansehen. Um dies zu verhindern, müsste allerdings eine weitgehende Transparenz beim Geld- bzw. Kapitalumschlag durchgesetzt werden. Eine demokratische Gesellschaft müsste deshalb ein eminentes Interesse daran haben. Wer aber verfolgt hat, wieviel Energie zur Verteidigung des Bankgeheimnisses aufgebracht wird und wie wenig Energie auf die Kontrolle von Geldbewegungen, kann so schnell keinen Optimismus entwickeln.

Der Internationale Währungsfonds schätzt das jährliche Geldwäschevolumen weltweit auf vier Billionen Dollar. Nur ein Prozent dieses Betrags können die Behörden sicherstellen. Die illegalen Geldströme sind eine ernsthafte Bedrohung für die globale Sicherheit, stellte sogar die Münchner Sicherheitskonferenz 2019 fest.

In Deutschland taxiert man das Schwarzgeld auf jährlich 100 Milliarden Euro, rund 20 Milliarden davon fließen laut Schätzung in den Immobilienmarkt. Die Nachfrage der Kriminellen auf dem Immobiliensektor erhöht die Häuserpreise noch mehr. Normal- und Geringverdiener können sich in den Städten keine Wohnung mehr leisten.

Weitere Folgen dieser kriminellen Wirtschaft: Das viele Geld aus dunklen Quellen unterwandert die Gesellschaft, macht Teile davon willfährig, den Interessen krimineller Banden zu dienen.

Geldwäsche kostet die Gesellschaft nicht nur Geld, sie kostet Leben und destabilisiert die Demokratie.

Ein weiteres Beispiel ist die transnationale Umweltkriminalität, welche die Weltwirtschaft jährlich bis zu 259 Milliarden Dollar kostet, so eine Studie in der wissenschaftlichen Fachzeitschrift *Nature Sustainability*[39].

Angesichts dieser Gefahren erscheint es mehr als verwunderlich, dass selbst die Regulierungsvorgaben aus der EU zur Geldwäschebekämpfung von der deutschen Bundesregierung nur zögerlich in nationales Recht umgesetzt werden.

Die Bundesregierung musste 2012 einräumen, dass sie bis dahin noch nicht einmal die erste Richtlinie von 1991 (!) vollständig umgesetzt hatte. Im deutschen Nicht-Finanzsektor, also den Unternehmensbereichen außerhalb der Banken, können Kriminelle bis heute problemlos Geld waschen, schreibt Markus Zydra in dem o. g. Artikel. Und bedauernd merkt der Autor an, dass die ehemaligen Bundesfinanzminister Theo Waigel (CSU), Hans Eichel (SPD), Peer Steinbrück (SPD) und Wolfgang Schäuble (CDU) der Kampf gegen Geldwäsche nie wirklich interessiert habe. Auch Bundesfinanzminister Olaf Scholz (SPD) zeige wenig Elan, das Geld der Kriminellen abzuschöpfen, um Unterwanderung zu stoppen und nicht zuletzt die Demokratie zu schützen.

Und während der ehemalige grüne Bundestagsabgeordnete und Finanzexperte Gerhard Schick von der *Bürgerbewegung Finanzwende* den Schluss zieht, es müssten mehr Leute in Hemd und Anzug ins Gefängnis, geht die US-Finanzbehörde FinCEN genau entgegengesetzt vor, indem sie erklärt, sie verurteile den Leak der Dokumente und verweise darauf, dass deren Weitergabe illegal sei. Das nennt man gemeinhin *Kapitulation* vor den unhaltbaren Zuständen. Und diese Kapitulation wird auch noch als *Sieg* ausgegeben!

Die Regierungen in westlichen, kapitalistisch geprägten Staaten haben in Bezug auf die kriminelle Seite der Wirtschaft einen gewaltigen blinden Fleck.

Woran dies liegen könnte, zeigt ein Blick auf den jüngst enthüllten Kriminalitätsfall, der aber auch schon eine längere Vorgeschichte hat.

Das Beispiel Wirecard

Wirecard ist eine Firma, die mit Zahlungssystemen Karriere gemacht hat. Dazu liegen inzwischen viele Informationen vor, die in den Printmedien oder im Internet nachgelesen werden können. Der Bayerische Rundfunkt hat 2020 eine Dokumentation ausgestrahlt: DER FALL WIRECARD, mit dem bezeichnenden Untertitel: »Von Sehern, Blendern und Verblendeten«. Die Fernsehmagazine ARD-PlusMinus und ZDF-Frontal21 haben ebenfalls berichtet. Im parlamentarischen Raum kommt dem Linken Bundestagsabgeordneten und Mitglied im Bundestagsuntersuchungsausschuss zu Wirecard Fabio de Masi ein großes Aufklärungsverdienst zu.

Hier sollen lediglich die für die Grundthese dieses Buches wesentlichen Gesichtspunkte zusammengetragen werden.

Gesichtspunkt Nummer 1: Frühzeitige Warnungen wurden ignoriert und sogar bekämpft

Es waren zunächst Derivatehändler aus den USA, sogenannte ›Shortseller‹, die vom Wetten auf fallende Kurse lebten und denen Widersprüche bei Wirecard aufgefallen waren. Seit 2015 schlugen sie Alarm.

Dabei landeten sie schließlich in der *Financial Times*, die zuletzt 2019 mit dem Beitrag »Wirecard's suspect accounting practices revealed« den mit Wirecard beauftragten Wirtschaftsprüfungskonzern Ernst&Young (EY) direkt aufforderten, die Vorwürfe zu klären.

Eine Sachbearbeiterin der Bundesbank, Franziska Folter ging diesen Vorwürfen nach und stellte in einem 7-seitigen Dokument entscheidende Fragen. Das war am 26. Februar 2016. *Das gesamte Wirecard-Fiasko auf sieben Seiten* nennt es die Berliner Zeitung nach einem Auftritt der Sachbearbeiterin als Zeugin im Wirecard-Untersuchungsausschuss im Februar 2021.

Auf nur sieben Seiten habe die damals 26-jährige Berufseinsteigerin in der Hauptverwaltung Bayern in München aufgrund der öffentlichen Berichterstattung und unter Zuhilfenahme ihres Verstandes *das gesamte Wirecard-Fiasko erkannt, niedergeschrieben und an ihre Vorgesetzten weitergeleitet.*

Leider jedoch vergeblich, sie wurde von der Finanzaufsicht **Bafin** ausgebremst. Womit auch die von Finanzminister Scholz verfochtene Linie, seine Aufsicht habe keine ausreichenden Handlungsmöglichkeiten gehabt, widerlegt ist.

»Vier Jahre lang – bis zur Pleite des Unternehmens im Sommer 2020 – wollen weder die Bafin noch die Geldwäschebehörde FIU, die Staatsanwaltschaft, die Wirtschaftsprüfer von EY, die meisten Medien und viele Politiker bis hin zur China-Empfehlung durch Bundeskanzlerin Angela Merkel im Herbst 2019 etwas gemerkt haben, dass es bei Wirecard nicht mit rechten Dingen zugehen könnte,« schreibt die Berliner Zeitung[40].

Ein Blick auf die organisatorische Verfasstheit der Prüfbehörden (siehe Kasten) zeigt das Ausmaß der Unzulänglichkeiten.

Die DPR (Deutsche Prüfstelle für Rechnungslegung DPR e. V.) ist ein 2005 eingerichteter privatrechtlicher Verein zur Überwachung der Rechnungslegung kapitalmarktorientierter Unternehmen in Deutschland im Staatsauftrag. Sie hat aber keine hoheitlichen Befugnisse und ist als privatrechtlicher Verein organisiert. Der DPR gehören 17 Mitglieder an, die meisten Unternehmens- bzw. Branchenverbände.

Anlass für die Errichtung der DPR war die öffentliche Kritik an fehlenden Prüfungsstrukturen im Zusammenhang mit Bilanzskandalen vorausgegangener Jahre. Die DPR hat aber nur 15 Mitarbeiter. Eine Prüfung dauert durchschnittlich drei bis sechs Monate.

Die Prüfstelle überprüft, ob Jahresabschluss und Lagebericht bzw. Konzernabschluss und Konzernlagebericht eines Unternehmens gesetzlichen Vorschriften und Standards entsprechen.

Da die Bundesanstalt für Finanzdienstleistungen (Bafin) auch in Verdachtsfällen nicht eigenständig agieren kann, muss sie die DPR einschalten.

Die BaFin hatte der DPR im Februar 2019 wegen Ungereimtheiten in der Halbjahresbilanz 2018 von Wirecard einen Prüfauftrag gegeben, der über 16 Monate von nur einem Mitarbeiter bearbeitet wurde. Ende Juni 2020 hat die Bundesregierung die Zusammenarbeit mit der DPR beendet.

Eigene Zusammenstellung nach: https://de.wikipedia.org/wiki/Deutsche_Prüfstelle_für_Rechnungslegung

Die Staatsanwaltschaft München erklärte dann auch am 22.7.2020, dass die jetzt erhobenen Vorwürfe des gewerbsmäßigen Bandenbetrugs, der Untreue und der unrichtigen Darstellung der Marktmanipulation den Verantwortlichen seit 2015 klar gewesen sein mussten.

Gesichtspunkt Nummer 2: Der Staat überlässt die Kontrolle gern Privaten
Der Staat hält sich mit Aufsicht und Prüfungen zurück und schaltet i.d.R. private Firmen ein. Ernst&Young (EY) hat Wirecard bis zuletzt keine Unregelmäßigkeiten, geschweige denn Betrug bescheinigt. Trotzdem bekommt EY immer noch die meisten Aufträge von der Bundesregierung.

Dass Beraterkonzerne Teil von kriminellen Handlungen werden können, hat nicht zuletzt einer der damals noch ›Big-Five‹ der Beraterkonzerne, *Arthur Andersen*, 2002 gezeigt, als er sich im Zuge des ENRON-Betrugs auflöste. Ein Gericht warf Anderson vor, Ende 2001 tonnenweise Akten ihres früheren Mandanten ENRON vernichtet zu haben, um die Ermittlungen über die Geschäftspraktiken bei dem insolventen Energieriesen zu behindern. Die Gerichtsverfahren haben die Auflösung des damals fünftgrößten Wirtschaftsprüfungs- und Unternehmensberaterkonzerns beschleunigt.

Viele Zeitschriften haben den Fall Wirecard mit der Pleite des US-Energiehandelsriesen ENRON 2001 verglichen, die als größter Bilanzbetrug der USA angesehen wird.[41]

Bezeichnenderweise gingen Teile von Andersen damals auch zu *EY*, andere gründeten die Firma ACCENTURE, die zu meinen Hauptpersonalratszeiten die hessische Landesregierung bei der Einführung der ›Neuen Verwaltungssteuerung‹ und seiner kostspieligen Hard- und Software beriet. Im Fall des Energiekonzerns ENRON hatten auch andere wie die Ratingagenturen Standard & Poor's und Moody's ENRON übrigens *bis kurz vor der Insolvenz* eine ›vorzügliche Bonität‹ bescheinigt.

Man fragt sich, wie oft solche durchweg als ›Skandale‹ bezeichneten kriminellen Geschäfte sich noch wiederholen sollen und warum der Systemcharakter nicht endlich anerkannt wird!

Angesichts des zunehmenden Einflusses der Beraterkonzerne auf die Politik von Bundes- und Landesregierungen und große Kommunen ist eine kritische Bilanz überfällig. Dazu bedarf es aber parallel des Aufbaus eigener, dem Gemeinwohl verpflichteter Kompetenz auf Seiten der staatlichen Organe!

Gesichtspunkt Nummer 3: Unternehmen stützen statt kontrollieren

Der Staat steht vielfach im Widerspruch, Unternehmen mit allen Kräften zu unterstützen, ja zu pushen, um im internationalen Wettbewerb zu glänzen. Da passt Kontrolle und Misstrauen nicht dazu und ist eher hinderlich.

Mit dem kometenhaften Aufstieg von Wirecard waren auch die weniger salonfähigen Anfänge in der Porno- und Glücksspielbranche unter den Tisch gekehrt. Schließlich träumte man bis hin in Regierungskreise vom »lang ersehnten deutschen Internet-Weltkonzern mit Sitz in Aschheim«, wie es die BR-Dokumentation formuliert. Und ein Börsenwert von 20 Milliarden Euro mit dem Ergebnis, die Commerzbank aus dem Dax zu verdrängen, ist durchaus geeignet, diesen Traum als wahr erscheinen zu lassen. Wenn dann noch von Wirecard die Übernahme der Deutschen Bank erwogen und das neue Logo bereits ausgetüftelt wird, scheint alles klar zu sein.

Zur Sicherheit wird noch ein ehemaliger CDU-Shootingstar und Ex-Minister bei der Bundeskanzlerin vorstellig. Karl-Theodor zu Guttenberg gelingt es, Wirecard auf die Liste für die China-Reise der Bundesregierung zu hieven. Und alle Bedenken, so man sie je beachtet haben sollte, sind wie weggewischt! Germany first mit Wirecard.

Gesichtspunkt Nummer 4: Arrogantes Führungspersonal in eigener Blase

Die EntscheiderInnen der Betrugsunternehmen werden von TeilnehmerInnen des Bundestagsuntersuchungsausschusses als arrogant, abgehoben, überheblich beschrieben; als Menschen, die sich über staatliche Kontrollinstanzen lustig machen, in einer eigenen Welt leben, so lange es irgendwie geht. Und sie kommen damit sehr lange durch.

So wird der Leiter der Internen Revision der Wirecard-Bank Mario Vinke von der Berliner Zeitung (26.2.21) bei seinem Auftreten im Wirecard-Untersuchungsausschuss des Bundestags als »wortkarg und bockig« beschrieben. Er benehme sich »wie ein schlecht vorbereiteter Abiturient«. Und weiter:

»Der coole Männerbund aus Aschheim hat alle verachtet – Behörden, Politiker, Aufsichtsbehörden. Markus Braun und Jan Marsalek, das ›Phantom‹, waren überzeugt, dass niemand ihr Geflecht durchschauen kann.«[42]

Und Rainer Wexeler, Vorstand bei der Wirecard-Bank, äußerte sich 2017 in einer internen E-Mail an die Wirecard-Vorstände Burkhard Ley und Alexander von Knoop so: »Die Deutsche Bundesbank zickt herum wegen der fachlichen Kompetenz im Kreditgeschäft.« Und: »Die Ausarbeitung hat Frau Folter gemacht, die kleine Maus.«[43] Die Ausarbeitung war – wie oben bereits geschildert – die 7-seitige Kritik der Bundesbankmitarbeiterin Franziska Folter.

Aber es geht noch krasser: Wirecard drehte den Spieß um, verfolgte KritikerInnen und versuchte sogar, sie zu kriminalisieren. Eine nicht unübliche Methode, um Kontrolle und Kritik mit Machtmitteln auszuschalten.

Tatsächlich hat Wirecard nach Medienberichten kritische JournalistInnen überwacht, gehackt und auch versucht, den Ruf der berichtenden Financial Times zu untergraben.

Es ist Wirecard sogar gelungen, die Bafin dazu zu bewegen, 2019 Strafanzeige gegen KritikerInnen wegen angeblicher Marktmanipulation zu erstatten. Hier ruft der Dieb: Haltet den Dieb!

Gesichtspunkt Nummer 5: Die Geschädigten

Die Geschädigten sind alle, die den Appellen der Bundesregierung gefolgt sind, ihre Ersparnisse doch mehr in Aktien zu investieren und so die deutsche Aktienkultur zu stärken und deutsche Unternehmen zu unterstützen.

Die Geschädigten sind alle, die darauf vertraut haben, dass eine Alterssicherung sinnvollerweise auf dem privaten Kapitalmarkt erfolgen solle, wie es der Bewerber um den CDU-Vorsitz Friedrich Merz als ehemaliger BlackRocker nicht müde wird zu wiederholen.

In einem der Fernsehbeiträge wird ein Seemann gezeigt, der sich zur Ruhe setzen wollte, aber mit Wirecard seine Ansparung von 72.000 Euro in den Wind schreiben und im Rentenalter wieder anheuern musste. Einer von vielen, die ihre Ersparnisse durch die kriminellen Machenschaften von Wirecard unwiederbringlich verloren haben.

Gesichtspunkt Nummer 6: Traditionelle Kontrollen versagen strukturell
Fachleute aus dem Wirtschaftsprüfungsbereich sind der Meinung, dass alle möglichen Arten von bisher installierten Kontrollen ihren Zweck kaum erfüllen können. Sowohl das IKS, das *interne Kontrollsystem* oder das *Compliance Management System* sind immer auch vom Wohlwollen des Vorstands abhängig, der sie einrichtet. Wenn aber der Vorstand das Problem ist, kann das nicht ohne Auswirkung bleiben. Auch die *Interne Revision* ist ein Instrument der Geschäftsleitung.

Vorstände haften zwar, können sich aber dagegen versichern, mit einem vergleichsweise geringen Selbstbehalt. Die Prüfverfahren selbst sind aufwendig und beschränken sich in vielen Fällen lediglich auf Plausibilitätskontrollen.

Über externe Kontrollen von privaten Wirtschaftsprüfungsgesellschaften, die gleichzeitig auch als Berater tätig werden, sind schon Ausführungen gemacht worden. Dass hier eine Kollision beider Funktionen vorliegt, ist offensichtlich, es sei denn, die Kontrolle dient der Absicherung der Beratung.

4. Halbierte Demokratie, halbierter Rechtsstaat

Zeichnung des Autors

Viele Menschen machen sich nicht klar, was es bedeutet, dass das Wahlrecht als das ›klassische‹ demokratische Instrument und die Repräsentanz der Gewählten in Form eines Aufsichtsgremiums namens Parlament und einer Exekutive namens Regierung die Unternehmen komplett ausklammert.

Die allermeisten haben sich vermutlich schon daran gewöhnt, dass es fast schon zum ›Naturrecht‹ gehört, über das private Eigentum auch dann frei zu verfügen, wenn es Eigentum an Produktionsmitteln ist und wenn diese Produktionsmittel aufgrund ihrer Größe ein Maß der Herrschaft über Menschen überschreiten und im Extremfall die Größenordnung von Staaten erreichen oder sogar darüber hinausgehen.

Dass dies nach Ende des zweiten Weltkriegs schon einmal anders war, soll an späterer Stelle nachgetragen werden (S. 152f).

Beschäftigte mancher Unternehmen wissen, dass es zu ihren Gunsten Eingriffe in die Entscheidungsfreiheit von Geschäftsleitungen gibt, wenn ihr Unternehmen einen *Betriebsrat* hat. Und Beschäftigte sehr großer Unternehmen werden zu Wahlen aufgerufen, in denen sie *ArbeitnehmervertreterInnen für den Aufsichtsrat* wählen können.

Wenn Beschäftigte sich historisch auskennen, wissen sie auch, dass solche Mitbestimmungsregelungen immer dann eingeführt wurden, wenn Unternehmen Kompromisse mit den ArbeitnehmerInnen schließen mussten, weil sich die Kräfteverhältnisse zwischen Kapital und Arbeit verschoben hatten. In Deutschland waren es zweimal Weltkriege, die dazu geführt hatten, dass den großen Unternehmen die Mitschuld an den Kriegen gegeben wurde und die für eine revolutionäre Stimmung unter den ArbeiterInnen sorgten (Novemberrevolution von 1917/18, *Ahlener Programm* der CDU von 1947).

Aber diese Formen von ›Mitbestimmung‹ reichen natürlich in keiner Weise an demokratische Einflussnahme heran. Dazu sind die Einflussmöglichkeiten zu gering. Wenn man bedenkt, welchen Einfluss große Unternehmen auf allen möglichen Ebenen ausüben (siehe das folgende Schaubild auf S. 62), kann man mit Fug und Recht von einer halbierten Demokratie sprechen, weil diese die Lebensweise der Mehrheit der Bevölkerung in hohem Maße beeinflussende Macht eben nicht einer demokratischen Kontrolle unterliegt.

Wenn man darüber hinaus noch berücksichtigt, dass über Verteilungsfragen in der Produktionssphäre entschieden wird und dass diese mit der ökologischen Krise eine existentielle Bedeutung gewinnt, dann erscheinen

Demokratisierungsbemühungen keineswegs abwegig, sondern vielmehr dringend geboten.

Nun könnte man argumentieren, dass es sich bei Unternehmen, auch bei den großen transnationalen Konzernen, um die private Sphäre der jeweiligen Eigentümer handelt. Und dass diese Sphäre des Privateigentums besonders geschützt werden muss, wie es ja auch das Grundgesetz in Artikel 14, Absatz 1 formuliert.

Dass es sich hier aber um ein sehr besonderes Eigentum handelt, wird schon aus dem nachfolgenden Absatz 2 des Grundgesetzes ersichtlich, der *Sozialpflichtigkeit des Eigentums*. Und nicht nur das: Ganze Sektoren können enteignet und in Gemeineigentum überführt werden, um sie aus der Renditewirtschaft herauszunehmen.

Grundgesetz für die Bundesrepublik Deutschland

Artikel 14

(1) Das Eigentum und das Erbrecht werden gewährleistet. Inhalt und Schranken werden durch die Gesetze bestimmt.
(2) Eigentum verpflichtet. Sein Gebrauch soll zugleich dem Wohle der Allgemeinheit dienen.
(3) Eine Enteignung ist nur zum Wohle der Allgemeinheit zulässig. Sie darf nur durch Gesetz oder auf Grund eines Gesetzes erfolgen, das Art und Ausmaß der Entschädigung regelt. Die Entschädigung ist unter gerechter Abwägung der Interessen der Allgemeinheit und der Beteiligten zu bestimmen. Wegen der Höhe der Entschädigung steht im Streitfalle der Rechtsweg vor den ordentlichen Gerichten offen.

Artikel 15

Grund und Boden, Naturschätze und Produktionsmittel können zum Zwecke der Vergesellschaftung durch ein Gesetz, das Art und Ausmaß der Entschädigung regelt, in Gemeineigentum oder in andere Formen der Gemeinwirtschaft überführt werden. Für die Entschädigung gilt Artikel 14 Abs. 3 Satz 3 und 4 entsprechend.

https://www.gesetze-im-internet.de/gg/BJNR000010949.html

Das hat natürlich Gründe. Und diese Gründe bestehen nicht nur darin, dass das Grundgesetz auch ein Produkt der Auseinandersetzungen und Schlussfolgerungen aus der Niederlage des Nationalsozialismus und dessen Unterstützung durch die großen Wirtschaftsunternehmen und ihre Vereinigungen war. Erinnert sei hier nur an das ›Ahlener Programm‹ der CDU, das man in Teilen heute wohl eher als Programm einer Linkspartei bezeichnen würde. Dazu finden sich im Abschnitt *Faschismus, zweiter Weltkrieg und Ahlener Programm der CDU* auf S. 152 weitere Ausführungen.

›Produktionsunternehmen‹ stellen also nicht einfach ein Eigentum dar wie etwa das an einem beliebigen Gebrauchsgegenstand, sondern es sind Unternehmen mit vielfältiger Ausstrahlung und erheblichem Einfluss in den Bereichen der Politik sowie der Gesellschaft und bis hinein in die Privatsphäre.

Unternehmen treten in den verschiedensten Rollen auf – das potenziert ihren Einfluss noch

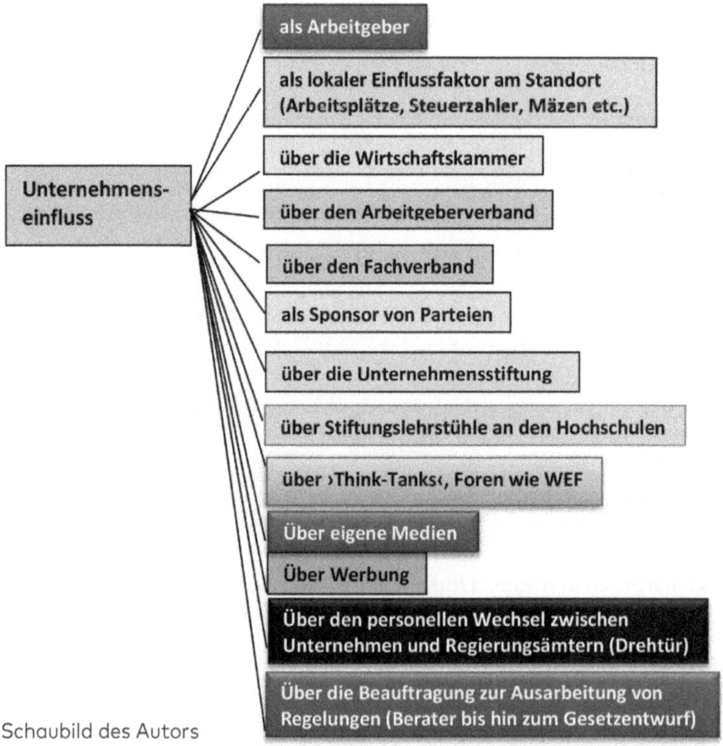

Schaubild des Autors

In diesem Schaubild ist der verbreitete Lobbyismus bewusst ausgespart. Nicht, weil er unwichtig ist, sondern um zu unterstreichen, wie bedeutsam es ist, sich von der Vorstellung zu lösen, dass das Hauptbetätigungsfeld der Unternehmen der Lobbyismus sei. Denn dazu haben große Unternehmen weit mehr und vielfach auch noch bessere Möglichkeiten.

Selbst das von *LobbyControl* entwickelte Schaubild zur Einflussnahme von Wirecard gibt nur einen Ausschnitt der insgesamt zur Verfügung stehenden Möglichkeiten, vermittelt aber dennoch für Uninformierte ein Gefühl für sogenannte Netzwerke.

Um Missverständnissen vorzubeugen: Es ist absolut richtig und wichtig, Lobbyismus zu kritisieren und zu bekämpfen, wenn er gesellschaftlichen Schaden anrichtet und Rechtsstaat und Demokratie untergräbt. 25.000 Lobbyisten allein in Brüssel werden nicht ohne Grund eingesetzt und bezahlt! Der Lobbyismus, obwohl eigentlich für die Hinterzimmer gedacht, wird, vielleicht deshalb und weil er relativ leicht skandalisiert werden kann, auch medial immer wieder in den Vordergrund gerückt.

Weil er aber auch zahlenmäßig derart zugenommen hat und Parlaments- und Regierungshandeln regelmäßig unterwandert, widmen sich inzwischen eine ganze Reihe von NGOs der kritischen Aufarbeitung von Konzern-Lobbyismus.

Die *Bürgerbewegung Finanzwende* weist darauf hin, dass Firmenlobbyisten über ein Jahresbudget von über 200 Millionen Euro verfügen und die Kosten der Lobbyarbeit sogar als Betriebsausgaben von der Steuer absetzen können.

Corporate Europe Observatory (CEO) macht nach eigenen Angaben mit Recherchen und Aktionen auf den unverhältnismäßigen Einfluss von Unternehmen und ihren LobbyistInnen auf die EU-Politik aufmerksam. CEO arbeitet dabei eng mit Nichtregierungsorganisationen und sozialen Bewegungen in Europa und der ganzen Welt zusammen, um Alternativen zur Übermacht der Wirtschaft zu entwickeln (www.corporateeurope.org).

LobbyControl e. V. ist eine gemeinnützige Initiative, die über Lobbyismus und Meinungsmache in Deutschland und der EU aufklärt (www.lobby control.de).

Beide letzteren Organisationen haben 2021 eine Studie zur Lobbymacht von Big Tech: Wie Google & Co die EU beeinflussen veröffentlicht.

Danach gaben Google 5.750.000 Euro, Facebook Ireland Limited 5.500.000 Euro, Microsoft Corporation 5.250.000 Euro, Apple Inc. 3.500.000 Euro, Huawei Technologies (Huawei) 3.000.000 Euro, Amazon Europe Core SARL 2.750.000 Euro, die IBM Corporation (IBM) 1.750.000 Euro, die Intel Corporation 1.750.000 Euro, Qualcomm Incorporated 1.750.000 Euro und Vodafone Belgium SA (VBSA) 1.750.000 Euro für Lobbyarbeit in Brüssel aus.

Weil die EU immer mehr Vorgaben für die Mitgliedsstaaten macht, wird sie immer bedeutender, spiegelbildlich auch der Lobbyismus, weshalb Brüssel als ›Lobbyisten-Paradies‹ bezeichnet wird.

Nach Angaben von *Lobbycontrol* nehmen schätzungsweise 25.000 Lobbyisten mit einem Jahresbudget von 1,5 Milliarden Euro in Brüssel Einfluss auf die EU-Institutionen: »Etwa 70 Prozent von ihnen arbeiten für Unternehmen und Wirtschaftsverbände. Sie genießen privilegierte Zugänge zu den Kommissaren. Und sie überhäufen die Abgeordneten mit ihren Änderungsanträgen für Gesetzesvorlagen. Die europäische Demokratie läuft Gefahr, zu einer wirtschaftsdominierten Lobbykratie ausgehöhlt zu werden«, schreibt *LobbyControl* auf ihrer Homepage.

Unternehmen bringen darüber hinaus ihr politisches Gewicht aber, wie oben gezeigt, in sehr verschiedener Gestalt ein. Zunächst als Eigentümer-Unternehmer oder Eigentümer-Unternehmerin. Wenn es dann größere Gesellschaften sind, geschieht dies eher in Gestalt ihrer beauftragten ManagerInnen, eines Vorstands oder auch in Gestalt des Kontrollorgans, des Aufsichtsrats.

Wenn das Unternehmen als juristische Person betrieben wird, ist dieses Unternehmen selbst Träger von Pflichten, aber vor allem von Rechten (›corporate personhood‹). Das Unternehmen führt als juristische Person gegenüber dem Eigentümer ein Eigenleben.

Und schließlich treten Unternehmen in Gestalt ihrer öffentlich-rechtlichen Mitgliedschaft zu einer Wirtschaftskammer auf. Diese vertritt wiederum die Unternehmen in einer Mischung aus privatem Verbandsinteresse und öffentlich-rechtlicher Ausstattung mit Hoheitsaufgaben, u.a. auf dem Gebiet der Überwachung der dualen Berufsausbildung. So haben öffentliche Stellungnahmen von Kammern zugunsten ihrer Unternehmen weniger den Anstrich von Partikularinteressen als wenn diese Stellungnahmen von Wirtschaftsverbänden kommen.

Die ›klassische‹ Lobbytätigkeit ist also beileibe nicht alles, was große Unternehmen an Einfluss aufzubieten haben. Und je mehr es Konzerninteressen gelingt, ihre spezifischen Interessen als solche im allgemeinen Interesse auszugeben und die Politik dafür zu gewinnen, desto weniger Lobbyarbeit haben solche Konzerne nötig.

Auch von daher ist der Ansatz von Business Crime Control umfassender, weil er notgedrungen die Konzernpolitik, ihre Antriebe und Strukturen in den Blick nehmen muss, um Alternativen zu entwickeln.

Lobbyorganisationen einer etwas anderen Art sind die Unternehmens-Stiftungen. Diese erwecken im Gegensatz zu den Unternehmensverbänden den Anschein der Gemeinnützigkeit, was sie steuerrechtlich auch meistens sind. Insoweit ist der politische Einfluss der Unternehmens-Stiftungen oft noch wirkungsvoller, weil subtiler. Dafür nachfolgend nun drei markante Beispiele.

Das Beispiel Bertelsmann

Auf die Spitze getrieben hat diese Form der politischen Einflussnahme der Bertelsmann-Konzern insofern, als die Stiftung neben der Stiftungstätigkeit auch noch mehrere Unternehmen ›operativ‹ (mit Renditemaximierung) betreibt: die RTL Group, Penguin Random House, die Bertelsmann Music Group, Arvato (die in England Kommunalverwaltungen per Auftrag privatrechtlich betreut), die Bertelsmann Printing Group, die Bertelsmann Education Group und die Bertelsmann Investments.

Der Bertelsmann Konzern firmiert in der Rechtsform einer Kommanditgesellschaft auf Aktien nach europäischem Recht. Die Familie Mohn und ihre Stiftungen haben 100 % der Stimmrechte in beiden Hauptversammlungen, sowohl derjenigen der Komplementärgesellschaft als auch in derjenigen der KG.

Was die Bertelsmann-Stiftung angeht, so dürfte sie in Deutschland die einflussreichste unter den Unternehmensstiftungen sein, nicht zuletzt über ihre ›Studien und Gutachten‹. Die Handlungs- und Einflussfelder des Bertelsmann-Konzerns reichen über Agenda 2010, Hartz IV, die Einführung von Studiengebühren, selbstverwaltete Schulen, privatisierte Kommunalverwaltungen (Großbritannien), Strategiepapiere zur Schließung von Krankenhäusern, bis hin zu entsprechenden Konzeptvorschlägen für die EU-Politik.

Bekannt geworden – und bei den VerteidigerInnen der Gemeingüter berüchtigt – ist der Satz des verstorbenen Bertelsmann-Patriarchen Reinhard Mohn: »*Es ist gut, wenn dem Staat das Geld ausgeht.*«[44] Dies wurde die Leitlinie für die Privatisierung öffentlicher Güter; und eine ihrer Umsetzungsstrategien war die sogenannte ›Schuldenbremse‹, ein staatliches Kreditaufnahmeverbot, das aber die Schulden nicht begrenzt, sondern in Schattenhaushalte überführt hat und zu Privatisierungen nötigt.[45]

Die Bildungsgewerkschaft GEW hat auf ihrem Gewerkschaftstag 2009 u.a. festgestellt: »Die vorgebliche Philanthropie und Gemeinnützigkeit der ausschließlich operativ tätigen Bertelsmann-Stiftung und die Profitinteressen des Bertelsmann-Konzerns bilden eine Einheit strategischen Handelns.«

Daraus wurde abgeleitet, Studien der Bertelsmann-Stiftung grundsätzlich skeptisch zu behandeln. Denn nicht immer ist der neoliberale ökonomistische Ansatz so offenkundig wie bei der Gründung des CHE (Centrum für Hochschulentwicklung) 1994, das nicht nur für Studiengebühren warb, sondern auch für maximale Eigenständigkeit der Hochschulen bei gleichzeitiger staatlicher Finanzierung. Auszubaden haben es Studenten und wissenschaftliche Hilfskräfte, deren Arbeitsverträge das Befristungswesen auf die Spitze getrieben haben und so das Prekariat immens verstärkt haben.[46]

Überhaupt sollte dem Unternehmenseinfluss auf die Gehirne und Denkweise der Bevölkerung nicht weniger Aufmerksamkeit geschenkt werden als etwa dem Einfluss auf staatliche Regularien wie Steuern, Auflagen und andere Rahmenbedingungen.

Schon die Werbung für ein Unternehmensprodukt hebt ein Unternehmen nach allen Regeln der Kunst und Psychologie so positiv ins Unterbewusstsein, dass für die weitere Interessenspolitik schon einmal eine maßgebende Grundlage gelegt ist. Naomi Klein hat dies sehr anschaulich und kritisch in ihrem Beststeller No Logo! Der Kampf der Global Players um die Marktmacht schon im Jahr 2002 unter die Lupe genommen.

Längst nutzen große Unternehmen dieses Format, um Medien kostenlos mit Werbefilmen auch für gesellschaftliche und politische Beeinflussung zu versorgen. Dabei darf nicht übersehen werden, dass der größte Teil der Medien selbst in der Hand privater Unternehmen ist. Diese können es sich dank ihres ungefährdeten, überragenden gesellschaftlichen Einflusses durchaus leisten, auch ihre KritikerInnen zu bedienen.

Think-Tanks mit unzähligen gut ausgebildeten und bezahlten Personen sind immer wieder auch Gegenstand der ZDF-Satiresendung *Die Anstalt*, die dafür sogar einen ›Rückfall‹ ins Schulische in Kauf nimmt, indem sie für diesen Zweck mit Schautafeln operiert.

Zwei Exempel dazu aus der weltweiten Oligarchie – und einer davon noch nicht einmal unter den Spitzen – sollen etwas näher beleuchtet werden: Bill Gates mit einem geschätzten Vermögen von 122 Milliarden Dollar und Larry Fink mit einem geschätzten Vermögen von ›nur‹ 1 Milliarde Dollar.[47] Aber auch das *World Economic Forum (WEF)* liefert weitere Beispiele für ›Influencer‹ der etwas anderen Art.

Das Beispiel Bill Gates – seine Stiftung und sein Einfluss

Nicht erst seit Corona-Zeiten, aber wegen der drastischen politischen Maßnahmen hier besonders im Rampenlicht, ist Bill Gates und seine »Bill & Melinda Gates Foundation« ins Visier der unterschiedlichsten Kritiker gekommen. Mit 47 Milliarden Dollar gilt sie als die größte private Stiftung der Welt. Und da Bill Gates mit dieser Stiftung nicht nur im Verborgenen arbeitet, sondern eher das Licht der Öffentlichkeit sucht und offen für *Private-Staatliche Partnerschaften* wirbt, ist er geradezu ein Musterbeispiel dessen, was ökonomische Macht und privater Reichtum vermögen. Das kann im Folgenden lediglich skizziert werden.

Zunächst handelt es sich um Philanthropie auf großem Fuß: Die Projekte, insbesondere im Gesundheitsbereich, aber nicht nur dort, können auf seiner Homepage nachgelesen werden. Bis zu seinem Lebensende plant er, über 90 % seines Stiftungsvermögens in dieser Weise auszugeben.[48]

Am klarsten hat die Kritik an solcherart Philanthropie Andreas Wulf von *medico international* formuliert. Unter der Überschrift »Refeudalisierung der Gesundheit« schreibt er:

> »Der große Einfluss des Ehepaars Gates (seit einigen Jahren noch ergänzt um den US-amerikanischen Investor Warren Buffett, der 30 Milliarden Dollar zum Stiftungsvermögen der BMGF beigesteuert hat) wird auch in vielen symbolischen Momenten sichtbar und illustriert, wie groß die Bereitschaft geworden ist, dem »Selfmade Business Man« auch Kenntnisse und Entscheidungen über hochkomplexe soziale Systeme wie das der Gesundheit zuzutrauen.
> Regelmäßig werden Bill und Melinda Gates von den Empfängerinnen und Empfängern ihrer Zuwendungen und den politisch Mächtigen hofiert: Sie sprachen schon zweimal als Ehrengäste bei der jährlichen Weltgesundheitsversammlung in Genf (2005 und 2014), was normalerweise Staats- und Regierungschefs vorbehalten ist. (…)
> Das Konzept der Gates-Stiftung ist Symptom eines dysfunktionalen Systems und einer versagenden Marktorthodoxie, die die sozialen Bedürfnisse und Rechte von Menschen nur als Konsumentenwünsche denken kann, entsprechende Anpassungen an die Märkte schafft und sich selbst in der vermeintlichen Wohltätigkeit noch als Unternehmer versteht. Die Nichtvereinbarkeit von Profitinteressen mit den grundlegenden, nicht marktförmigen Bedürfnissen von Menschen, die auf kooperative Lösungen der Ressourcenteilung und gemeinschaftliches Eigentum von globalen öffentlichen Gütern angewiesen sind, kommt nicht in den Blick.«[49]

Was in dieser Logik beispielsweise ausgeblendet wird, ist die Tatsache, dass soziale Faktoren eine ungleich größere Rolle in der Gesundheit von Menschen weltweit spielen als rein medizinische Angebote. Letztere, das hat zuletzt sogar die Unternehmensberatung McKinsey einräumen müssen, bestimmen nur zu 15 % das Wohlbefinden der Menschen, sagt beispielsweise Thomas Gebauer von medico: Viel wichtiger sind »gute und ausreichende Ernährung, Bildung, hygienische Wohnverhältnisse, würdige Arbeit, Einkommen und Ähnliches. Diese sozialen Determinanten der Gesundheit, für die sich die WHO lange starkgemacht hat, spielen heute immer weniger eine Rolle. Und das auch aufgrund der Einflussnahme durch Geldgeber wie Bill Gates…«[50]

Das bedeutet, ein einziger Privatmann und seine Frau bestimmen anstelle gewählter staatlicher und überstaatlicher Organe Leitlinien und Gesetzmäßigkeiten für Millionen von Menschen, die sich diesem Einfluss gar nicht entziehen können, z. B. weil sie arm sind.

Ein Grund liegt darin, dass sich die USA unter Trump fast ganz aus der WHO und seiner Finanzierung zurückgezogen haben, die staatlichen Zuschüsse heute nur noch 20 % des Etats ausmachen. Die restlichen 80 % sind freiwillige, aber zweckgebundene Zuwendungen, mit denen die GeberInnen auf die Arbeit der WHO direkt Einfluss nehmen können. Sie führen dazu, dass der Kampf gegen soziale Ursachen von Krankheit auf der Strecke bleibt, kritisiert Thomas Gebauer.

Die Kritik illustriert im Grunde nur, was passiert, wenn Lösungen nicht von den Betroffenen aus gedacht und in die Wege geleitet werden, sondern von Superreichen, die sich anmaßen, es besser zu wissen; und die auch die finanziellen und machttechnischen Möglichkeiten haben, ihre Ansicht wirksam durchzusetzen. Dass sie dabei durchaus in dem Glauben handeln können, es wirklich besser zu wissen und besser zu meinen, hat Prof. Rainer Mausfeld, der in Kiel den Lehrstuhl für Wahrnehmungs- und Kognitionsforschung innehatte, gut veranschaulicht. In einem Beitrag zur »neoliberalen Mitte« beschreibt er sehr treffend die zugrunde liegende Ideologie des Liberalismus als »Meritokratie, der zufolge diejenigen zur Ausübung von Macht legitimiert seien, die sich durch Leistungen ein Verdienst erworben haben. Zur individuellen Leistung im Kapitalismus gehört insbesondere das Verdienst, sich Mittel zur Kapitalakkumulation verschafft zu haben.«[51]

Wie auch immer, würde ich hinzufügen. Aber am Ende zählt nur der Erfolg. So ist unsere Gesellschaft nun mal gestrickt.

Eine weitere Kritik an dem privaten Mäzenatentum bezieht sich auf die innere Verwertungslogik des eingesetzten Kapitals. Damit ist Folgendes gemeint:

Bill Gates erwirtschaftet seine Milliarden durch Kapitalanlagen in den verschiedensten Branchen. Die meisten davon tragen durch krankmachende Faktoren dazu bei, dass anschließend auch mit der Heilung wieder Geld verdient und Kapital verwertet werden kann. Aber diese Logik findet sich im Kapitalverwertungsprozess ständig und ist nicht neu. Für die Gates-Stiftung bedeutet das: Je mehr Profite seine Beteiligungen machen, desto mehr Geld kann sie für die WHO bzw. für Gesundheitszwecke ausgeben.

Ein Beispiel: Aggressives Marketing von Junkfood hat dazu beigetragen, dass heute etwa zwei Milliarden Menschen übergewichtig sind. Vom Einfluss der Nahrungsmittelindustrie auf die WHO und den weltweiten Pandemien Fettleibigkeit und Diabetes profitiert derweil auch Big Pharma. Besonders gewinnträchtig sind unter anderem Medikamente gegen Folgeerkrankungen falscher Ernährung. Der weltweite Umsatz mit Diabetes-Medikamenten lag 2017 bei rund 55 Milliarden US-Dollar.

Thomas Gebauer spricht hier von einer fast schon perversen Arbeitsteilung: Die Konzerne verdienen doppelt: zum einen mit der Verursachung und zum zweiten mit der Behandlung des Problems.[52]

Das Beispiel Larry Fink – BlackRock und sein Einfluss

Das BlackRock-Gebäude in Frankfurt a. M.; Fotografie des Autors

Die US-Zeitschrift Fortune bezeichnete Fink 2014 als den »mächtigsten Mann der Wall-Street«. Wie kann dies sein, wenn er doch nur 1 Milliarde Dollar als Vermögen sein Eigen nennt?

Nun, Larry Fink ist Vorsitzender der von ihm gegründeten Investmentgesellschaft BlackRock. Sie gilt mit einem verwalteten Vermögen von 8,68 Billionen Dollar (Stand Ende 2020) als *das größte Finanzimperium der Welt.* Kapitalsammelstellen wie Pensionsfonds, Stiftungen, aber auch Versicherungen usw., die die Gelder ihrer KundInnen anlegen müssen, sind überwiegend bei BlackRock vertreten. Bei den an der Börse gehandelten Fonds beträgt der Anteil von BlackRock 40 %.

BlackRock ist auch an allen DAX-Unternehmen beteiligt. Damit verbunden sind Stimmrechte und immense Insiderkenntnisse. Hinzu kommt, dass BlackRock mit *Aladdin* über das weltgrößte IT-Analysesystem für Finanzoperationen verfügt, mit dem auch Auswirkungen jeder Art von politischen oder gesellschaftlichen Veränderungen auf BlackRocks Finanzen oder das seiner KundInnen untersucht werden können.

Bizarr wird es, wenn BlackRock zum Berater aller möglichen anderen Institutionen wird – wie der amerikanischen Zentralbank, der Europäischen Zentralbank u.ä.

An diesem Punkt verschmelzen private Vermögenskontrolle und Vermögensvorsorge vollends mit staatlichen und halbstaatlichen Funktionen. Mit der Folge, dass die Weichen nicht mehr von demokratisch gewählten RepräsentantInnen gestellt werden, sondern in Firmenzentralen.

Davos-Gipfel 2021

> **The World Economic Forum is the International Organization for Public-Private Cooperation** *WEF – www.weforum.org*

Die große Bühne beherrscht gegenwärtig das *World Economic Forum* (WEF), in dem (nicht gewählte) Konzernchefs und (gewählte) Staatsoberhäupter mindestens gleichrangig miteinander verkehren.

Dieses globale Netzwerk ist durch die Bilder aus Davos bekannt, die tagelang über die Bildschirme flimmerten, jedenfalls vor Corona-Zeiten. Wirtschaftslenker und Staatsoberhäupter wurden und werden um ihre Vorstellung zur Gestaltung der Welt gebeten, als Alibi aber auch mal Greta Thunberg oder andere kritische Stimmen. Dieses Spektakel haben die coronakonformen (zwangsweisen) Videokonferenzen 2020/21 etwas vermasselt.

Dennoch: Dieses WEF Davos unternimmt gegenwärtig alles, um die Meinungsführerschaft über die Konsequenzen aus der Corona-Krise für die Zeit danach an sich zu ziehen. Das gewünschte Narrativ läuft über den Titel *Great Reset* und arbeitet durchaus mit wohlklingenden Begriffen.[53]

Die gewaltigen Geldmittel und die Verbindungen des Davos-Forums zu den mächtigen Unternehmen und ihren Eigentümern dieser Welt sollen genutzt werden, um mit einem Netzwerk von knapp *10.000 Global Shapers* in 428 Städten (Hubs) und 148 Ländern (!) die Debatte so zu führen, dass die Interessen der Geldgeber zu den Interessen der Völker erklärt werden.[54]

Solche *Global Shapers* sind auch die 100 jungen Menschen unter 40 Jahren, die das WEF jedes Jahr auswählt, und die dann zum Club der *Young Global Leaders* gehören. Dazu zählten immerhin schon Emmanuel Macron, heute französischer Staatspräsident, Sebastian Kurz, bis vor kurzem österreichischer Bundeskanzler und Jens Spahn, noch deutscher Gesundheitsminister.

Die Absicht kommentiert der kritische Journalist Norbert Häring auf seiner Homepage:

> »So wird sichergestellt, dass keine Reformbewegungen außer Kontrolle geraten, die etwa den Megareichen ihren Megareichtum wegsteuern wollen, oder durch Abbau der überzogenen, wettbewerbsverhindernden Schutzrechte für geistiges Eigentum dafür sorgen könnten, dass es gar nicht erst zu diesem obszönen Reichtum kommt, oder die die Rechte der Arbeitnehmer stärken wollen, oder gar dafür sorgen, dass Konzerne Steuern bezahlen.«[55]

Und wer sich auf der Homepage des WEF umsieht, wird feststellen, dass nicht nur die Freihandelsideologie mit der Beseitigung aller Handelshemmnisse zum Programm gehören, sondern auch die Rückkehr zur flächendeckenden Atomkraft – natürlich unter dem grünen Slogan ›Dekarbonisierung‹. Polen hat den Ball bereits aufgenommen und plant den Bau neuer Atomkraftwerke. Ähnliches hat auch Bill Gates vor.[56]

Letztendliches Ziel des WEF ist es, Regierungshandeln und Unternehmenshandeln noch mehr zu verschränken, als es ohnehin schon geschieht. Folgerichtig bezeichnet sich das Davoser WEF auch als *die* Internationale *Organisation für Öffentlich-Private Zusammenarbeit.* ÖPP ist nach allen bisherigen Erfahrungen ein strategisches Mittel, gewählten staatlichen VertreterInnen ein privatwirtschaftliches Renditemodell aufzudrängen und staatliche oder kommunale Verfügungsmacht einzuschränken.

Die Aufarbeitung der Probleme und die demokratische Willensbildung werden durch die Lobbyarbeit des Davoser WEF und ihre (etwas reduzierte) Show in 2021 noch mehr ausgebremst. Denn viele überstaatliche Organisationen wie die WHO, aber auch staatliche Hochschulen (über Drittmittel) sind leider mittlerweile von privaten Geldgebern abhängig gemacht worden.

Es lohnt sich, auf den Seiten des WEF zu blättern, um zu sehen, wie – entgegen der vollmundigen Ankündigungen im *Great Reset* – die Welt ›nach Corona‹ mit noch mehr von der falschen Medizin und den falschen Rezepten versorgt werden soll. Im Grunde geht es darum, die jetzt schon tonangebenden Konzerne als funktional gleichberechtigt mit gewählten Staatsorganen zu behandeln.

Greta Thunberg fragte in ihrer Rede vor dem UN-Klimagipfel 2019 in Bezug auf die Umweltkatastrophe zu Recht: Wie könnt ihr es wagen zu glauben, dass man das lösen kann, indem man so weitermacht wie vorher…?!« (How dare you?!)[57]

Eine solche Sprache klingt offensichtlich im Medien-Mainstream aufrührerisch oder frech. Im Verhältnis zur kalten Arroganz einer kriminellen Ökonomie und der verursachten Schäden ist es allerdings eher ein zarter, warmer Windhauch.

Da hilft es auch nicht, wenn der bereits genannte Larry Fink von BlackRock das Narrativ eines geläuterten Großaktionärs unter die Leute bringt.

Auf der Plattform wikipedia scheint ihm dies bereits gelungen zu sein: Dort werden seine *»Briefe an die CEOs«* (Chief Executive Officers der großen Unternehmen) breit dargestellt, in denen er die Unternehmen – und das sind in Deutschland alle DAX-Unternehmen – zuletzt dazu ›aufgefordert‹ hat, auch ›auf Klimarisiken zu achten‹, denn sie könnten ja den Werterhalt der Unternehmen nachhaltig gefährden.[58]

Aus dieser Aufforderung allerdings abzuleiten, dass daraus ein ›grüner Kapitalismus‹ erwachse, kann nur als äußerst blauäugig bezeichnet werden.

Der Energiekonzern Vattenfall betreibt mit seiner Werbung zu Autostrom in Hamburg Greenwashing. https://www.greenpeace.de/themen/umwelt-gesellschaft/wirtschaft/vattenfall-will-sich-grunwaschen

Die Diskussion über die ›Versöhnung‹ einer renditegetriebenen Marktwirtschaft mit dem Umweltschutz ist derzeit voll im Gange. Die Warnungen vor einem ›Greenwashing‹ überwiegen – noch! Zu groß ist die Versuchung, es mit dem System zu probieren, als das System zu ändern.

Larry Fink hat allerdings auch noch andere Botschaften. Deren ›nachhaltigste‹ ist zurzeit die Aufforderung an die beteiligten Unternehmen, auf die »langfristige Verbesserung des Unternehmenswerts« zu achten statt auf kurzfristige Strategien und der Appell, einen stärkeren Beitrag zur *Altersvorsorge* ihrer Mitarbeiter zu liefern.

Dazu muss man wissen, dass BlackRock einer der größten Lobbyisten und Profiteure für eine kapitalgedeckte Altersvorsorge ist (siehe dazu auch S. 71). Denn Pensionsfonds sind seine größten Geldgeber und suchen dringend nach dauerhaft profitablen Anlagemöglichkeiten.

Emmanuel Macron wird deshalb in Frankreich umworben. Und das Deutschlandgeschäft soll Friedrich Merz erledigen, der bis vor kurzem noch der Aufsichtsratsvorsitzende von BlackRock Deutschland war und das Mandat wegen seiner CDU-Kandidatur niedergelegt hat.

Und prompt tritt Friedrich Merz mit dem Vorschlag auf, die Altersvorsorge in Deutschland auf Aktien zu stützen.[59] Er setzt dabei wohl auf die allgemeine Amnesie (Gedächtnisverlust) derjenigen, die bereits mit der ›Riester-Rente‹ schlechte Erfahrungen gemacht haben oder mit Wirecard.

Systemrelevante Großkonzerne – mächtiger als Staaten

> »Im Fall der Multinationalen Konzerne hat ihre effektive Reichweite als de-facto Institutionen der globalen Governance schon lange die Tätigkeit des UN-Systems überflügelt. (…) Multinationale Konzerne und zivilgesellschaftliche Organisationen müssen als vollwertige Akteure im globalen Governance System anerkannt werden, nicht nur als Lobbyisten.«[60]

Was in diesem Auszug negativ klingt, ist von den Autoren durchaus selbstbewusst und positiv gemeint. Norbert Häring zitiert hier aus der *Global Redesign Initiative* des World Economic Forum von 2009, also kurz nach der Bankenkrise. Und mit zivilgesellschaftlichen Organisationen sind *nicht* die kritischen NGOs gemeint, sondern die nicht-staatlichen Hilfstruppen der Konzerne.

Zu dieser Frage (›Wer ist mächtiger – Staaten oder Konzerne?‹) wurden bereits die Autoren Milan Babic, Eelke Heemskerk und Jan Fichtner zitiert (S. 48). Ihre Antwort lautet: Trotz globaler Offensiven von Staaten wie der US-Strategie des ›America First‹, der russischen oder chinesischen Geopolitik dürfe jedoch nicht übersehen werden, dass multinationale Konzerne wie etwa Apple oder Starbucks immer noch phänomenale Macht hätten. In mancher Hinsicht tanzten Regierungen nach der Pfeife der Multis – was auch deren anhaltender Erfolg bei der Verringerung ihrer Steuerlast zeige.

All diese Einflussmöglichkeiten variieren naturgemäß mit der Größe und Marktstellung der Unternehmen. Größe und Marktstellung bescheren den Unternehmen aber auch aus einem anderen Grund weiteren politischen Einfluss. Das ist die sogenannte ›Systemrelevanz‹. Das bedeutet, dass ein Unternehmen nicht mehr dem Marktgeschehen ausgeliefert bleiben darf, falls es auf dem Markt versagt, sondern vom Staat notfalls ›gerettet‹ wird, ohne seine private Verfasstheit grundsätzlich anzutasten. Sowohl in der Bankenkrise 2008 als auch in der Coronakrise 2020 sind in den Medien genügend Beispiele zu finden gewesen, als dass es nötig wäre, sie hier noch einmal aufzuführen. Höchst problematisch ist damals wie heute die Definition dessen, was nun ›systemrelevant‹ ist. Denn auch dieser Begriff ist auslegungsfähig und -bedürftig und reflektiert meist nur die gegebenen Machtverhältnisse. Das überaus belastete Pflegepersonal war es in finanzieller Hinsicht in der Corona-Krise 2020 dann doch nicht. Übel aufgestoßen sind auch Dividendenzahlungen von Unternehmen, die gleichzeitig aus Steuerzahlungen der Bürger über den Staat massive Lohnzuschüsse für ihre Unternehmen erhalten hatten.

Kein Politiker/keine Politikerin erlaubt es sich, Unternehmen aus dem Blick zu lassen, wenn es um den ›Standort‹ geht. Es geht um die Arbeitsplätze im Wahlkreis, um die Wettbewerbsbedingungen, auch um das Steueraufkommen, im schlechten Fall um Umweltprobleme usw. Unternehmen werden deshalb als viel relevanter betrachtet, als die einzelnen Bürgerinnen und Bürger. Trotzdem beansprucht der rettende Staat i.d.R. kein größeres Mitspracherecht, von Demokratisierungsversuchen der Unternehmen ganz zu schweigen.

In Krisenzeiten wird die ›Systemrelevanz‹ dann noch bedeutender. Vielfach führt dies dazu, dass das Wohlergehen des Unternehmens mit dem Wohlergehen des Staates gleichgesetzt wird. Solche Unternehmen bekommen privilegierte Unterstützung. Das reicht von Finanzzuwendungen über politische Rücksichtnahme bis hin zu Veränderungen des Rechts.

Aber auch in ›normalen Zeiten‹ haben diese Unternehmen mehr Gehör und privilegierten Zugang bei den Entscheidern der Politik, was so weit reichen kann, dass ihre Gesetzesvorschläge direkt, also ›eins-zu-eins‹ übernommen werden. Und zunehmend findet man UnternehmensvertreterInnen in den Ministerien selbst, wie bereits dargestellt.

Da in einer Demokratie solche Entscheidungen von Parteien und Gesetzgebungsorganen abgesichert werden müssen, haben auch hier Unternehmen eine privilegierte Position, weil sie enorme Ressourcen für mediale, aber auch fachliche Arbeit und Kommunikation bereitstellen und Parteien finanziell unterstützen können. In den auch auf diesem Gebiet weiter fortgeschrittenen USA haben Wahlkampfspenden bereits astronomische Größenordnungen erreicht.

Je weniger in der Öffentlichkeit und insbesondere in Bezug auf die WählerInnen strittige oder gar anrüchige Entscheidungen bekannt werden, desto weniger Aufwand muss getrieben werden, um sie zu rechtfertigen. Außerdem birgt eine öffentliche Kontroverse immer gewisse Risiken. Deshalb ist die Transparenz immer ein Problem und eine hochpolitische Angelegenheit. Auf sie wird im 5. Kapitel noch genauer eingegangen.

Dass Unternehmen von ihrer Größe her (gemessen in Umsätzen, Kapitalrenditen oder Aktienwert, aber auch Beschäftigungsverhältnissen) die Bedeutung vieler Staaten übertreffen, ist für Interessierte nichts Neues. Menschen, die sich für derartige Dinge nicht interessieren, ist dieser Sachverhalt leider weniger klar. Noch weniger befindet sich im öffentlichen Bewusstsein aber, welch umfangreiche Konsequenzen dies hat. Das Schaubild auf S. 62 sollte davon einen Eindruck vermitteln: Das beginnt mit der psychologisch-unterschwelligen Wirkung eines einprägsamen Firmen- oder Produktlogos, geht über die Verfügung über die Arbeitszeit, die soziale Sicherheitsperspektive bis hin zur Vereinnahmung der Politik und der Systemrelevanz.

Die Bundeszentrale für politische Bildung stellt in ihrem Schaubild[61] die *Vermögenswerte von multinationalen Unternehmen* (MNU) dem *Bruttoinlandsprodukt* (BIP) *von Staaten* gegenüber, um die ökonomische Bedeutung von Unternehmen herauszuarbeiten:

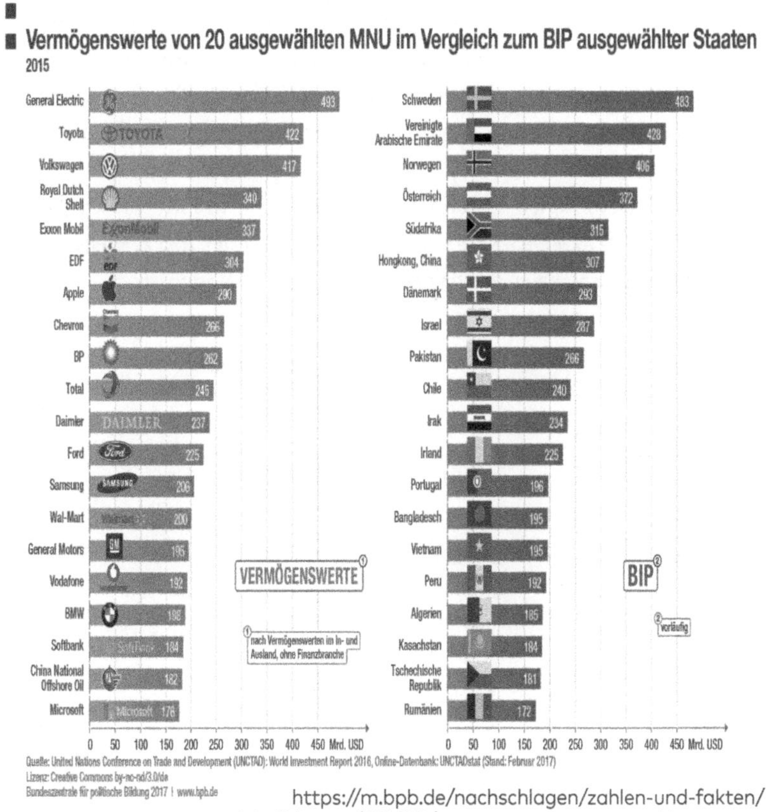

https://m.bpb.de/nachschlagen/zahlen-und-fakten/globalisierung/256262/vermoegenswerte-mnu-bip-staaten

Die Zeitschrift *Makronom* verwendet etwas andere Kriterien und stellt die Einkünfte der Unternehmen denen von Staaten gegenüber. Das wären im Fall von Deutschland die Einnahmen von Bund, Ländern und Kommunen. Und die AutorInnen stellen fest, dass zwar Staaten die Spitzenplätze besetzen, aber sich zahlreiche Konzerne gleichauf mit einigen der größten Volkswirtschaften befinden. Und 71 der ersten 100 Plätze werden von Konzernen besetzt.

Ihr erstes Fazit lautet zu Recht: »Die führenden multinationalen Konzerne sind politische Akteure und nicht bloß Zaungäste in globalen Angelegenheiten.«[62]

Wir kommen gar nicht mehr darum herum, multinationale Konzerne mit diesen Augen zu sehen. Die ›halbierte Demokratie‹ ist eben kein Schlagwort, sondern Realität. Die Demokratisierung der Unternehmen steht auf der Tagesordnung, auch wenn über ihre Ausgestaltung noch gestritten werden kann.

Zu einem ähnlichen Ergebnis wie *Makronom* kommt *Global Justice Now* vom 17. Oktober 2018 mit Zahlen zu 2017: **69 der 100 reichsten Einheiten des Planeten seien *Unternehmen* und nicht *Regierungen*.**

	Mrd. US-$	*kursiv = Unternehmen*	Mrd. US-$
USA	3.336	*Industrial Commercial*	*153*
China	2.591	*AXA*	*149*
Japan	1.678	*Total*	*149*
Deutschland	1.598	*Ping An Insurance*	*144*
Frankreich	1.446	*Honda*	*139*
United Kindom	984	*China Construction Bank*	*139*
Italien	884	*Trafigura Group*	*136*
Brasilien	819	*Chevron*	*135*
Kanada	624	*Cardinal Health*	*130*
Walmart	*500*	*Costco*	*129*
Spanien	492	*SAIC Motor*	*129*
Australien	461	*Verizon*	*126*
State Grid	*349*	*Allianz*	*124*
Niederlande	345	Argentinien	123
Sinpec Group	*327*	*Kroger*	*123*
China National Petroleum	*326*	*Agricultural Bank of China*	*122*
Südkorea	318	*General Electric*	*122*
Royal Dutch Shell	312	*China Life Insurance*	*120*
Mexiko	293	*Walgreens Boots Alliance*	*118*
Schweden	275	*BNP Paribas*	*117*
Toyota	*265*	*Japan Post Holding*	*117*
VW	*260*	*Bank of China*	*115*
Russland	254	*JP Morgan*	*114*
Belgien	250	*Fanni Mae*	*112*

BP	*245*	*Gazprom*	*112*
Exxon	*244*	*Prudential*	*111*
Berkshire Hathaway	*242*	*BMW*	*111*
Indien	229	*Alphabet*	*111*
Apple	*229*	*China Mobile Communication*	*110*
Schweiz	223	*Nissan*	*108*
Norwegen	214	*Nippon Telegraph*	*106*
Samsung	*212*	*China Railway Engeneering*	*103*
McKesson	*208*	*Home Depot*	*101*
Glencore	*205*	*China Railway Construction*	*101*
United Health Group	*201*	*Generali*	*101*
Österreich	195	*Bank of America*	*100*
Saudi-Arabien	186	*Express Skripts Holding*	*100*
Daimler	*185*	*Wells Fargo*	*98*
CVS Health	*185*	Griechenland	95
Amazon	*178*	*Lukoil*	*94*
Türkei	174	*Boeing*	*93*
Indonesien	174	*Dongfeng Motor*	*93*
Dänemark	173	Taiwan	93
Exor Group	*162*	Portugal	93
AT&T	*161*	Israel	93
General Motors	*157*	Südafrika	92
Ford	*157*	*Siemens*	*92*
China State Construction	*156*	*Phillips*	*92*
Hon Hai Precision Ind.	*155*	*Carrefour*	*91*
Amerisource Bergen	*153*	*Nestle*	*91*

https://www.globaljustice.org.uk/news/69-richest-100-entities-planet-are-corporations-not-governments-figures-show/

Nick Dearden, Direktor von Global Justice Now, sagt dazu:

»Der enorme Reichtum und die Macht der Unternehmen stehen im Mittelpunkt so vieler weltweiter Probleme – wie Ungleichheit und Klimawandel. Das Streben nach kurzfristigem Profit scheint heute die grundlegenden Menschenrechte für Millionen von Menschen auf dem Planeten zu übertrumpfen. Es gibt jedoch nur sehr wenige Möglichkeiten, wie Bürger diese Unternehmen für ihr

Verhalten zur Rechenschaft ziehen können. Vielmehr sind es Unternehmen durch Handels- und Investitionsabkommen, die von den Regierungen verlangen können, ihren Wünschen nachzukommen.«[63]

Halten wir fest: Private Unternehmens-Akteure haben also zum Teil größeren Einfluss als gewählte staatliche Akteure, fallen aber nicht unter die demokratische Kontrolle! Oder wie es Rainer Mausfeld zuspitzt:

> »Mit transnationalen Großkonzernen schuf er (der Neoliberalismus, H. S.) eine neue Klasse von Akteuren, die formal abgesicherte Freiheitsrechte erhielten, die weit über Rechte natürlicher Personen hinausgehen. Diese Akteure genießen einen einzigartigen Schutz vor öffentlicher Transparenz und staatlichen Eingriffen in ihre Arbeitsbereiche. Sie haben die Rechte von Übermenschen erhalten, und sind jeder gesellschaftlichen Verantwortlichkeit und Kontrolle entzogen. Sie sind rechtlich verpflichtet, sich gesellschaftlich pathologisch zu verhalten, Macht und Reichtum zu maximieren und zugleich eigene Kosten zu externalisieren, also auf die Allgemeinheit abzuwälzen. So entstanden in den vergangenen Jahrzehnten die totalitärsten Strukturen, die der Mensch je geschaffen hat. Ihre globale Vernetzung hat die eigentlichen Zentren der Macht einer Verstehbarkeit durch die Öffentlichkeit entzogen und sie damit gleichsam unsichtbar gemacht. Indem Herrschaft zunehmend anonymisiert wurde, entfällt die Möglichkeit, Verantwortlichkeiten zuzuweisen und damit auch grundsätzlich die Möglichkeit demokratischer Kontrolle.«[64]

Ich habe Rainer Mausfeld auch deshalb zitiert, weil er als (emeritierter) Professor für Allgemeine Psychologie mit den Schwerpunkten Wahrnehmungspsychologie und Kognitionswissenschaft das Wechselverhältnis zwischen den bisher beschriebenen ökonomisch-politischen Strukturen und dem Bewusstsein oder auch Unterbewusstsein der einzelnen Menschen besonders gut beleuchtet. Es kann gar nicht ausbleiben, dass eine Überwältigung von Politik durch Konzerninteressen zu Ohnmachtsgefühlen führt, die eine kritische Aufarbeitung immens erschweren.

Dazu trägt insbesondere bei, dass Zentren der Macht für die Gesellschaft unsichtbar werden. Aber auch der (nicht neue) Widerspruch der Renditewirtschaft zwischen ethisch-normativem Verhalten und dem, wie Mausfeld es ausdrückt, pathologischen Verhaltenszwang, Macht und Reichtum zu maximieren und eigene Kosten auf die Allgemeinheit abzuwälzen, tut einer demokratischen Gesellschaft nicht gut. Dies gilt in besonderem Maße in Ausnahmezuständen, wie sie die Coronapolitik mit sich gebracht hat.

Die Corona-Lockdowns haben den ›Big Four aus den USA‹ Riesengewinne gebracht

Die staatlichen Maßnahmen im Zusammenhang mit Corona haben die Rangfolge der großen Unternehmen noch einmal gehörig durcheinandergeschüttelt. Aus den Lockdown-Maßnahmen gehen zwar Tausende von Unternehmen geschwächt hervor oder überleben sie gar nicht, es gibt aber auch im großen Stil Gewinner, wie eine Aufstellung der *100 wertvollsten Unternehmen der Welt* zeigt, die das Handelsblatt Ende des Jahres 2020 veröffentlicht hat:

> »Die großen vier aus den USA, Apple, Microsoft, Amazon und die Google-Holding Alphabet Inc., erreichen einen Börsenwert von 5,5 Billionen Euro. Allein der Apple-Konzern, der den Ölriesen Saudi Aramco an der Spitze der Top 100 ablöste, erreicht 1,8 Billionen Euro Marktkapitalisierung. Damit ist Apple wertvoller als alle 755 in Deutschland börsennotierten Unternehmen zusammen mit 1,5 Billionen Euro.«[65]

Ähnliches gelte auch für die realen Erträge. »Verglichen mit allen anderen Branchen erwirtschafteten die Unternehmen im IT-Sektor die höchsten Gewinne. Apple, Microsoft, Amazon und Facebook verdienen 2020 netto umgerechnet rund 160 Milliarden Euro. Allein Apple schafft mit 51,3 Milliarden Euro mehr Gewinn als alle 30 Dax-Konzerne zusammen.«[66]

Damit ist der Weg zur weiteren Konzentration von Unternehmen und Vermögen vorprogrammiert, mit allen Auswirkungen für Demokratie, Rechtsstaat und Gesellschaft.

Die ›halbierte Demokratie‹ der Unternehmenssphäre knabbert sozusagen auch noch die andere (politische) Hälfte gehörig an, Recht wird käuflich, und die Gesellschaft wird entpolitisiert und fällt auseinander.

Der spezielle Machtzuwachs des Finanzsektors

Doch die markanteste Veränderung im privaten Unternehmenssektor ist wohl der Machtzuwachs der *Finanzakteure*, wie Werner Rügemer sie nennt[67]. Früher wären damit die Banken gemeint gewesen. Und auch heute glauben wohl die meisten Menschen immer noch, dass die traditionellen Banken den Finanzsektor repräsentieren, weil die anderen Finanzakteure noch nicht ins allgemeine Bewusstsein gedrungen sind.

Rügemer teilt diese in drei ›Ligen‹ ein: In der ersten Liga spielen Kapitalorganisatoren vom Typ BlackRock (siehe das Beispiel Larry Fink auf S. 71f), in Deutschland vertreten durch Friedrich Merz.

In der zweiten Liga spielen Private Equity Unternehmen, Hedgefonds und Wagniskapitalisten.

In der dritten Liga tummeln sich Investmentbanken, Privatbanken und erst dann die traditionellen Großbanken.

BlackRock ist mehr als ein schwarzer Fels

Werner Rügemer beschreibt in seinem Buch Die Kapitalisten des 21. Jahrhunderts das Unternehmen *BlackRock* als größten Kapitalorganisator der westlichen Welt. Zum Vergleich dient hier der deutsche Bundeshaushalt: 2018 übertraf das verwaltete Vermögen von BlackRock mit über 6 Billionen US-Dollar 20mal den deutschen Bundeshaushalt und damit des reichsten und mächtigsten EU-Staates.«[68]

Das Geld dafür hat BlackRock, weil es als Kapitalsammelstelle fungiert, sowohl für die UHNWI (die *Ultra High Net Worth Individuals* mit Geldanlagen ab 50 Millionen Dollar), als auch für die breite Masse derjenigen, die ihre Altersvorsorge einer der großen Pensionskassen anvertraut haben. BlackRock ist ideologisch und praktisch so etwas wie der supergroße Gegenspieler zu dem verstorbenen ehemaligen CDU-Arbeitsminister Norbert Blüm mit seinem Leitspruch ›Eins ist sicher: die Rente!‹, der gegen die Privatisierung der Rentenversicherung gerichtet war und die Vorteile des deutschen Umlagesystems herausstellte. Der spätere SPD-Arbeitsminister Walter Riester hat darauf bekanntlich nicht gehört, als er dann Arm in Arm mit Versicherungen die Riester-Rente kreiert hat.

BlackRock geht noch einen Schritt weiter und verfolgt das Ziel, das umlagengestützte Rentensystem *ganz* auf die private kapitalgedeckte Versicherung umzustellen. Sein bester Botschafter in Deutschland, Friedrich Merz, hat es derweil immer noch nicht wieder in eine bedeutende politische Position geschafft.

Die Deregulierung begünstigt die Finanzgeschäfte

Gerade die Finanzakteure in den schwach regulierten Sphären haben ein riesiges Ausmaß erreicht. Schon wenige Fakten illustrieren die Dimension. Mit 149 Billionen Dollar wurde fast die Hälfte des gesamten Finanzvermögens auf der Welt zuletzt nicht mehr von Banken bewegt, sondern von Versicherungen, Pensionsfonds und einer wachsenden Zahl anderer Finanzvermittler. Zu diesen gehören auch gewaltige Schattenbanken. Das sind schlicht Finanzunternehmen, die nicht der Bankenregulierung unterliegen.

Für die der Regulation unterliegenden Kreditinstitute steckt darin der große Vorteil, dass sie ihre Geschäfte an spezialisierte Schattenbanken auslagern und so die Regulierungsmaßnahmen umgehen können. Insgesamt wird dieser »Graumarkt der Finanzwelt« (FAZ) auf 76 Billionen US-Dollar geschätzt, wobei sich der hoch riskant angelegte Anteil am weltweiten Vermögen der Schattenbanken im Jahr 2015 auf rund 34,2 Billionen US-Dollar belief.[69]

Wichtige Player sind Hedgefonds, die wenigen oder gar keinen Anlagerestriktionen unterliegen. Für das dritte Quartal 2020 meldete das Handelsblatt ein Plus von 13 Milliarden Dollar und damit einen Anstieg des global verwalteten Volumens der spekulativen Fonds auf 3,31 Billionen Dollar, wobei sich das Handelsblatt hier auf den Informationsdienstleister Hedge Fund Research (HFR) beruft.[70]

Diese weitgehend ungebändigten Märkte destabilisieren nicht nur die Finanz-, sondern auch die Realwirtschaft. Sie wirken in nahezu alle Felder von Gesellschaft und Politik hinein – mit eigenen Interessen und gegen sämtliche Regeln der Demokratie. Und natürlich auch in die Unternehmen: Dort setzen aktivistische Investoren durch, dass sich die Vorstände nicht an Beschäftigung und Innovation, sondern in erster Linie am Shareholder-Value orientieren, wobei ihnen die autokratischen und asymmetrischen Machtverhältnisse in den Unternehmen gerade recht kommen. Mit ihrer Lobbymacht setzen sie zugleich Staaten unter Druck, um den Abbau von Sozialrechten, die Ausweitung von Steuerprivilegien und die Privatisierung sowie Finanzialisierung von sozialen Sicherungssystemen durchzudrücken. Diese »finanzmarktkapitalistische Landnahme« (Klaus Dörre) verändert nicht nur die Bedingungen gewerkschaftlicher Politik grundlegend. Sie prägt die Rahmenbedingungen jeglicher Transformationspolitik, auch die einer ökologisch-sozialen Reformpolitik.

Die Finanzwirtschaft ist aber zugleich ein klassisches Feld der Überschneidung von legaler und krimineller Wirtschaft; zum einen, weil die Geschäfte weitgehend immateriell und mit großer Geschwindigkeit ablaufen, zum andern, weil das ›Bankgeheimnis‹ lange Zeit und teilweise noch heute als ›heilige Kuh‹ betrachtet wird.

Manipulierte Wechselkurse und Zinssätze, Beihilfe zur Geldwäsche und Steuerhinterziehung etc. sind Teile eines langen ›Sündenregisters‹ der Geldinstitute.

Allein die bei der Manipulation von (Leit)Zinssätzen festgestellten Rechtsverstöße haben nach Angaben von Wolfgang Hetzer Geschäfte im Wert von mindestens 500 Billionen Dollar beeinflusst. Und seine Schlussfolgerung lautet: »Alleine die Schadensträchtigkeit der Rechtsverletzungen in diesem Bereich dürfte die Gewinne aller Mafia-Organisationen in den meisten Ländern dieser Erde übertreffen.«[71] Die Deutsche Bank sei deshalb schon 2014/15 als »Rechtsabteilung mit angeschlossener Bank« bezeichnet worden.

Der ungeheure Geldkapitaldruck ist rechtlich kaum abzufangen und erfordert eine umfassende Regulierung

Die beschriebenen Mechanismen und Verhaltensweisen von Unternehmen und auch sehr reichen Privatpersonen sind alles andere als voluntaristisch, hängen also (bis auf wenige und eher seltene Ausnahmen an der Spitze der Oligarchien) nicht von dem individuellen Willen oder gar den Launen des Spitzenpersonals ab, sondern sind durchaus systemgesteuert.

Idealisten gehen gern von der prinzipiellen Souveränität menschlichen Handelns aus und übersehen die Systemzwänge, während Materialisten das Handeln vorwiegend aus den Verhältnissen ableiten. Die prinzipielle Austauschbarkeit von handelnden Personen in gegebenen Systemen gibt letzteren i.d.R. Recht.

Zu den problematischen Steuerungsmechanismen wie Renditenmaximierung, Einsatz aller verfügbaren Konkurrenzmittel, Konzentration von Kapital usw. kommt ein extrem zunehmender *Kapitaldruck*. Dieser besteht darin, dass gestiegene Profite permanent ›angelegt‹ werden müssen. Das ›vagabundierende‹ Kapital hat mittlerweile ein Ausmaß erreicht, das alle Vorstellungen sprengt. Und je weniger kaufkräftige Nachfrage von Seiten der Mehrheitsbevölkerung die profitable Anlage in klassischen Bereichen ermöglicht, je weniger ein mit entsprechenden Steuermitteln ausgestatteter Staat Infrastrukturleistungen nachfragen kann, desto schwieriger wird die (Wieder)Anlage des Geldkapitals.

Auf ein weiteres Problem hat der ehemalige Chief Risk Officer der UBS-Bank Deutschland hingewiesen. Infolge der Deregulierung der Kapitalmärkte ist es Hedgefonds möglich, praktisch ohne eigenes Geld riesige Wetten abzuschließen, die schließlich auch das gesamte Bankensystem ins Wanken bringen können.[72]

Da auch – wie geschildert – die Banken Geschäfte zunehmend in weniger regulierte Bereiche, also die schon erwähnten Schattenbanken, auslagern, zu denen auch die Hedgefonds gehören, wächst dieser Sektor seit Jahrzehnten ungebrochen an.

Und wieder einmal zeigt sich wie ein roter Faden, dass vereinzelte Re-Regulierungen nicht ausreichen, wenn das System nicht insgesamt einer demokratischen Kontrolle zugeführt wird:

> »Ironischerweise ist das enorme Wachstum der Schattenbanken geradewegs eine Folge der Bankenregulierung. Nach der Finanzkrise 2008 und 2009 wurde diese zwar verschärft. Allerdings führt dies dazu, dass die Banken jene Teile ihres Geschäfts, die sie der strengeren Aufsicht entziehen wollen, in den weniger regulierten Schattenbanksektor verlagerten.«[73]

Der immense Druck, das wachsende Geldvermögen anzulegen, schafft sich im Wesentlichen Erleichterung über zwei Strategien:

Die eine ist es, den noch immer vergleichsweise großen Sektor der gemeinwirtschaftlichen Güter zu privatisieren, d.h. der Renditengewinnung zu unterwerfen.

Die andere ist es, alle möglichen anderen Unternehmen profitträchtig auszuschlachten oder zu ›verschlanken‹.

Privatisierungen als das gebotene Mittel gehören zur fast zwingenden Geschäftsstrategie. Die 2017 über die deutsche Bühne gegangene formelle Autobahnprivatisierung über die bundeseigene *Autobahn GmbH* und die damit verbundene Verankerung von Private-Public-Partnerships (PPP) im Grundgesetz waren eine markante Weichenstellung im Bereich der staatlichen Infrastruktur.

Aber auch die lange Zeit überwiegend staatlichen und kommunalen Krankenhäuser gehören mittlerweile der Vergangenheit an: der Anteil der privaten, Rendite abwerfenden Kliniken ist inzwischen größer als der öffentliche. Mit allen Konsequenzen von Personalabbau über Tarifflucht, Arbeitsverdichtung, schlechtere Versorgungsqualität etc.

Immerhin konnte die weitere Privatisierung der Deutschen Bahn bisher verhindert werden, ihre Ausplünderung durch private Unternehmen allerdings nicht. Und dazu muss man das Projekt Stuttgart 21 ebenfalls zählen. Weil dazu genügend kritische Publikationen existieren, hier nur zwei Bemerkungen:

Es sieht so aus, als wenn die Verursacher dieses Milliardengrabs es leichter finden, einfach weiterzumachen als Fehler zuzugeben und zu korrigieren. Immerhin haben sie mit dem Zugeständnis eines (kleinen) oberirdischen Ergänzungsbahnhofs einen winzigen Schritt gemacht.

Wie schwer sich die Verantwortlichen mit Kritik tun, zeigt sich in ihrem Vorgehen gegen den Bildhauer Peter Lenk (u.a. Schöpfer der *Imperia* in der Konstanzer Hafeneinfahrt). Der hat mit Unterstützung einer großen Zahl von Förderern das Stuttgart-21-Debakel mit dem Denkmal LAOKOON in Szene gesetzt (siehe nächste Seite).

Eine Zeitlang akzeptierte die Stuttgarter Stadtregierung zähneknirschend die Aufstellung vor dem Stuttgarter Stadtpalais. Inzwischen musste es mit fadenscheinigen Gründen abgebaut und an den Bodensee ins Atelier zurückgebracht werden. Das wirft ein bezeichnendes Licht auf die Kritiktoleranz der Politik in Stuttgart und Baden-Württemberg.

Chronik einer grotesken Entgleisung – Der Künstler Peter Lenk hat dem Streit über das Bahnprojekt ›Stuttgart 21‹ ein Denkmal gewidmet; Fotografie: Achim Mende

Die Steuerungsmechanismen werden zum Problem für den Rechtsstaat

Die beiden Steuerungsmechanismen – der permanente Vergleich der Profitraten und das Konkurrenzverhältnis – produzieren Konflikte am laufenden Band. Jeder noch so kleine Vorteil für das eigene Kapital, jeder noch so kleine Nachteil für die Konkurrenz wird bedeutsam und beeinflusst die relative Stärke oder Schwäche. Alle Instrumente, die auf Grundlage des Rechts oder auf Grundlage der Macht genutzt werden können, werden eingesetzt, wenn die Machtverhältnisse es zulassen. Je weniger reguliert ist, desto mehr geben die relativen Machtverhältnisse den Ausschlag. Das stärkere Kapital bevorzugt die Deregulierung bzw. eigene Regeln abseits sozialer Gemeinschaft. Kann oder muss der Staat aber genutzt werden, so wird er genutzt, politisch, juristisch und auch militärisch.

Auch eine Erdgaspipeline ist umkämpftes Gelände, eine ›Seidenstraße‹ sowieso. Im Kampf um den ökologisch schlimmsten fossilen Brennstoff ›Fracking-Gas‹, was über den Atlantik transportiert wird mit Spezialschiffen, werden alle Machtmittel eingesetzt bis hin zur Erpressung, um eine etwas weniger schädliche Variante, Erdgas mit Transport durch eine Pipeline zu verhindern.

Wenn die Kräfteverhältnisse es zulassen, kann der Staat auch als Gegner betrachtet und beklagt werden, um Profite einzutreiben. Auf diesem Feld sind wir im Jahr 2021 Zeuge eines seltsamen Schauspiels:

Ein 1998 in Kraft getretener *Energie-Charta-Vertrag (ECT)*, ein multilaterales Investitionsschutzabkommen, bildet gegenwärtig die Grundlage, um vor privaten internationalen Schiedsgerichten Schadensersatz für Kraftwerke von Staaten einzufordern. So hat beispielsweise RWE die niederländische Regierung wegen der Ausstiegspläne aus Kohlekraftwerken verklagt.

Umgekehrt hat die schwedische Energiefirma Vattenfall die deutsche Regierung auf Entschädigungszahlungen aufgrund der Schließung von AKWs verklagt und bekommt jetzt 1,4 Milliarden Euro und damit den Löwenanteil der insgesamt 2,4 Milliarden Euro für AKW-Schließungen in Deutschland, meldet die FAZ vom 5.3.2021.[74]

»Auf dieser Grundlage waren Regierungen bereits gezwungen, enorme Summen zu bezahlen. Die ausstehenden Forderungen der öffentlich bekannten laufenden Verfahren auf Grundlage des ECT belaufen sich insgesamt auf rund 28 Milliarden US-Dollar.« Sie könnten aber noch mehr als doppelt so hoch werden, schreibt die NGO *Powershift* im Dezember 2020.[75]

Vor dem privaten internationalen Schiedsgericht der Weltbank (ICSID) laufen etliche weitere Schadensersatzklagen.

Während also die ordentliche Gerichtsbarkeit durch Privatgerichte umgangen wird, stößt der Kampf gegen Wirtschaftskriminalität auf ein entscheidendes Hindernis: Dieser darf die Wettbewerbsfähigkeit nicht behindern!

Das ist – sofern es überhaupt ausgesprochen wird – die absolute ›rote Linie‹ nicht nur für deutsche WirtschaftspolitikerInnen. Dies offenbart sich nicht nur bei der bereits dargestellten Steuerhinterziehung durch Steuerflucht, sondern in extremer Form auch bei der flächendeckend in Autos eingebauten Betrugssoftware. Hier zeigten die sonst so wirtschaftsliberalen USA richtige strafrechtliche Zähne im Gegensatz zur diesbezüglich zahnlosen Bundesrepublik. Erst als es galt, die KritikerInnen wegzubeißen, holten deutsche Behörden in Gestalt der Finanzaufsicht ihr Gebiss hervor und zeigten es der Deutschen Umwelthilfe, indem sie ihr die Gemeinnützigkeit aberkannten! Verfolgt werden nicht die Betrüger, sondern diejenigen, die den Betrug aufdecken.

Ähnlich verhielt sich die deutsche Bankenaufsicht auch gegenüber Banken, die in illegale Geschäfte verwickelt waren. Oberster Gesichtspunkt für die Vorgehensweise staatlicher Behörden scheint zu sein, ob involvierte Banken durch die Aufklärung und Ahndung dieser Geschäfte in wirtschaftliche Schwierigkeiten geraten könnten. ***Unternehmenswohl First*** heißt hier wohl die oberste Devise.

Es sind, wie Hans See bemerkt, gerade die konstituierenden Prinzipien der kapitalistischen Produktionsweise, die Profitmaximierung und das Konkurrenzprinzip, die es erschweren, den Kampf gegen die Kapitalverbrechen zu führen.

Für eine solche Auseinandersetzung wird i.d.R. das Recht bzw. der Rechtsstaat bemüht. Das ist ehrenwert, nur sollte bedacht werden, dass Recht und Rechtsstaat nicht bereits ausreichende und neutrale Begriffe sind. ›Gleiches Recht für alle‹ bzw. sein Gegenteil, das schon legendäre ›Quod licet Jovi, not licet Bovi‹ (Was dem Jupiter erlaubt ist, ist dem Bauern noch lange nicht erlaubt) oder, wer es etwas linker haben möchte, ›die Klassenjustiz‹ deuten an, welche Probleme mit Recht und Rechtsstaat verbunden sind. Dass Recht untrennbar mit Macht verbunden ist, und zwar nicht nur mit politischer, sondern mit ökonomischer Macht, soll im Folgenden (noch einmal) beleuchtet werden.

Wenn die Macht, Rechtsnormen zu setzen, und durchzusetzen, demokratisch legitimiert ist, sind die Aussichten für einen entsprechenden Rechtsstaat günstig. Wenn aber – wie oben gezeigt – neben der wenigstens durch Wahlen legitimierten Macht weitere vor allem private Machtzentren wie Oligarchen, Konzerne, Stiftungen, private Gerichte (Handelsverträge) usw. existieren, ist damit gleichzeitig auch der Rechtsstaat gefährdet.

Demokratiefreie Zonen laufen deshalb immer Gefahr, auch den Rechtsstaat bzw. rechtsstaatliche Prinzipien zu untergraben, auszuhöhlen. Nicht ohne Grund wollen sich FreihandelsverfechterInnen mit den internationalen Schiedsgerichten eine eigene Gerichtsbarkeit schaffen.

Umgekehrt ist es nicht gelungen, während des Corona-Lockdowns mit entsprechenden Vorschriften in die betriebliche Sphäre (außerhalb bestimmter Dienstleistungsbranchen) einzugreifen. Es wurde allerdings auch gar nicht erst nachhaltig versucht. Während rigide Schutz- und Vorsorgemaßnahmen gegenüber der Bevölkerung angeordnet wurden, hat man die Produktionsunternehmen nur gebeten, solche in ihre Überlegungen einzubeziehen.

Wenn aber die kapitalistische Wirtschaft eine immanente Kriminalitätsaffinität aufweist, dann muss sie zwangsläufig häufiger als Privatpersonen mit Recht und Gesetz in Konflikt geraten. Und wenn dieser Konflikt wie beschrieben strukturell ist, dann ist er auch durch Einzelmaßnahmen kaum zu beheben! Das heißt, dass auch aus Rechtsstaatsgründen eine Demokratisierung der betrieblichen Sphäre unausweichlich und dringend erforderlich ist.

Es kommt jedoch aus strukturellen Gründen noch ein weiteres Problem hinzu, das ich bereits in meinem letzten Buch GERMANY FIRST angesprochen habe.

> »Anbieter von Rechtsnormen (in der Regel Staaten) konkurrieren um die Gunst mobiler Nachfrager und haben im Zuge dessen begonnen, ihre Rechtsprodukte

(die Rechtsnormen) aktiv zu vermarkten. Das Gegenstück dazu sind strategische Rechtswahlentscheidungen der Nachfrager, die sich das für ihre Interessen am besten passende Recht heraussuchen.«[76]

Das schrieb Johanna Stark in der Süddeutschen Zeitung[77] unter Verweis auf ihr Buch mit dem ebenso bezeichnenden wie provokanten Titel LAW FOR SALE.[78] Unternehmen könnten sich wegen der vergrößerten Mobilität immer leichter aus einem Rechtssystem heraus- und in ein anderes hineinbewegen. Das können andere Staaten mit völlig anderen Rechtssystemen sein oder deregulierte Zonen innerhalb von Staaten. »Standortwettbewerb wird so zu Rechtswettbewerb.« Und Recht wird so »zunehmend zum Standortfaktor – mit teils problematischen Konsequenzen.« (J. Stark) Die Ausflaggung von Handelsschiffen unter ›Billigflaggen‹ ist eines der bekannteren Beispiele.

Die problematischen Konsequenzen sieht Stark hier darin, dass sich durch solche Entwicklungen eine Perspektive auf das Recht als staatliches Produkt verfestige, »als einkaufbare – aber auch ablösbare – Dienstleistung, die mit der traditionellen Vorstellung einer staatlichen Rechtsordnung als unverbrüchlichem Rahmen für marktmäßiges Geschehen nicht mehr viel gemein hat.« (J. Stark)

Eine solche Sicht auf normative Ordnungen ist in der Bevölkerung nicht gerade weit verbreitet. Und wenn diese Sicht vorhanden ist, verstärkt sie eher die politische Resignation als den Willen, dies zu ändern.

Probleme ergeben sich damit auch im Hinblick auf das gesellschaftliche Demokratieprinzip.

Denn dieses beruht auf der gleichen Mächtigkeit einer jeden Bürgerin, eines jeden Bürgers nach der Prämisse ›Ein Mensch, eine Stimme‹.

Im marktmäßigen Zusammenspiel von Angebot und Nachfrage hingegen entsteht ein Ungleichgewicht: Die Verhandlungsmacht verschiebt sich zugunsten derjenigen, die selbst besonders mobil sind oder über international begehrte und mobile Ressourcen verfügen können, beispielsweise Direktinvestitionen. Außerdem gibt es Güter, die tunlichst nicht dem Markt unterworfen werden dürften. Auch diese sind von dem Problem tangiert.

Starks Schlussfolgerung ist einigermaßen pessimistisch: »Konsequent weitergedacht führt aber ein sich an Reichweite und Intensität ausbreitender Rechtswettbewerb dazu, dass das Recht selbst als Marktprodukt betrachtet werden muss. (…) Je stärker die Rolle des Rechts als Standortfaktor an Bedeutung gewinnt, desto mehr wird sich auch seine inhaltliche Gestaltung an dieser Funktion orientieren.«[79]

Dann braucht man sich aber auch nicht mehr über eine dringend notwendige, sozial-ökologische Transformation unterhalten, weil dann neben dem politischen Instrumentarium auch noch die rechtliche Normierung Wettbewerbsgesichtspunkten untergeordnet wird.

5. Auch die halbierte Demokratie ist eher Fiktion als Realität

Im vorigen Kapitel wurde in Erinnerung gerufen, dass ein wesentlicher Teil unserer Gesellschaft nicht dem Demokratieprinzip unterliegt, sondern einer mehr oder weniger autokratischen Herrschaft. Damit ist es zwar nicht unmöglich, aber doch sehr schwer, diesen Herrschaftsbereich über Wahlen, VolksvertreterInnen und gewählte Regierungen nachhaltig zu beeinflussen. Hinzu kommt das Problem, dass eine solche ›Einmischung‹ aus ideologischen Gründen gar nicht erwünscht ist bzw. die Einmischung im Sinne des ›Drehtüreffekts‹ von VolksvertreterInnen eher in die umgekehrte Richtung geht, nämlich zugunsten der Unternehmen, zu denen PolitikerInnen später wechseln. Und schließlich profitiert die obere Gesellschaftsschicht von hohen Renditen, so sie nicht ohnehin im weitesten Sinne unternehmerisch tätig ist.

Eine besonders demokratieaffine – und das heißt egalitäre – Zone ist aber auch die ›halbierte‹ Demokratie nicht, d.h. also der Bereich der Gesellschaft, der durch Wahlen prinzipiell beeinflusst werden kann. Dafür sorgt schon die extrem ungleiche Verteilung von Vermögen, Einkommen, Entfaltungschancen und Einflussmöglichkeiten, die das egalitäre Prinzip durchkreuzt.

Im Folgenden zunächst zur aktuellen Vermögensverteilung (Bundeszentrale für politische Bildung vom 14.10.2020):

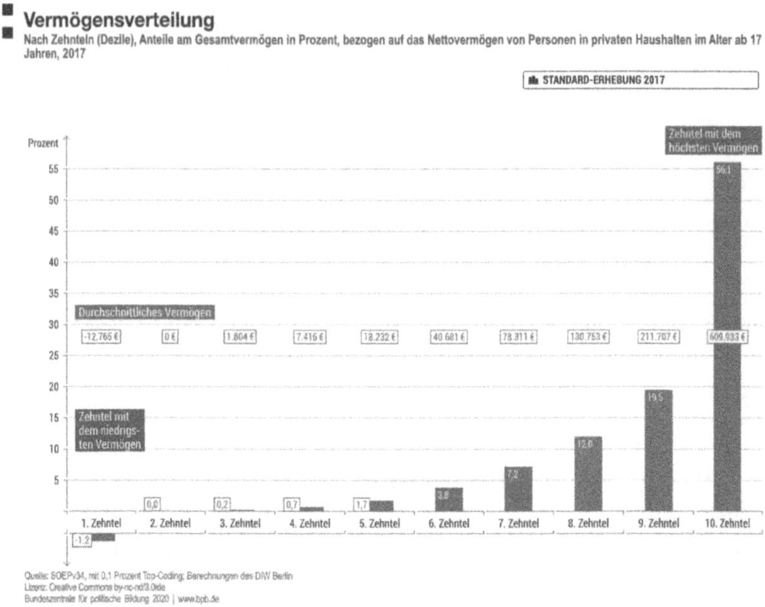

https://www.bpb.de/nachschlagen/zahlen-und-fakten/soziale-situation-in-deutschland/61781/vermoegensverteilung

Die Tabelle zeigt für das Jahr 2017, dass die obersten 10 % der deutschen Bevölkerung über 56 % des Privatvermögens verfügen, also mehr als der ganze Rest zusammen. Die Hälfte der Bevölkerung verfügt über gar keine nennenswerten Anteile am Vermögen. Weil aber Vermögen stets mit Einfluss und in den Spitzen auch mit Macht verbunden ist, betrifft eine solche Verteilung weit mehr als nur Geld. Sie berührt immer auch Fragen gesellschaftlicher Macht und damit die Demokratiefrage an sich.

In ihrem neuen Buch Die demokratische Regression[80] bestätigen die beiden Politikwissenschaftler Armin Schäfer und Michael Zürn dies in einer allerdings sehr zurückhaltenden Art und Weise und unter fast vollständiger Ausklammerung des Eigentums an Produktionsmitteln sowie der Macht der multinationalen Konzerne:

»Die Politik in unserer Demokratie befindet sich in einer Repräsentationskrise und weist eine systematische Schieflage auf, die bestimmte inhaltliche Positionen und soziale Gruppen bevorzugt.«[81] Welche das sind bzw. nicht sind, ist nicht schwer zu erraten: »Wollen Arbeiterinnen etwas anderes als Unternehmer, gering Gebildete etwas anderes als Hochgebildete oder Arme etwas anderes als Reiche, folgt die Politik zumeist der zweitgenannten Gruppe.«[82]

Die Autoren bewegt offensichtlich die Besorgnis um die Zunahme autoritärer Lösungsbedürfnisse für Krisen und um das demokratische Ansehen. Für diesen Fall können allerdings die realen Machtverhältnisse und die Antriebsmechanismen der zugrunde liegenden Ökonomie nicht ausgeklammert werden, wie hier gezeigt wird.

Die extreme Reichtumskonzentration befördert die weitere Oligarchisierung der Gesellschaft

Die Bundeszentrale für politische Bildung bemerkt zur extremen Ungleichverteilung:

> »Im Jahr 2017 lag das gesamte Nettovermögen in Deutschland bei 7,8 Billionen Euro – im Durchschnitt 108.000 Euro je erwachsene Person. Das Vermögen ist allerdings sehr ungleich verteilt: Das oberste Prozent hielt rund 18 Prozent des gesamten Vermögens – so viel wie die ärmsten 75 Prozent der erwachsenen Bevölkerung zusammen. Nach Angaben des DIW gehört Deutschland innerhalb des Euroraums zu den Staaten mit der höchsten Vermögensungleichheit.«[83]

Entsprechend ungleich sind auch die demokratischen Strukturen aufgrund des großen Einflusses von Vermögen und systemrelevanten Unternehmen, insbesondere natürlich im Medien- bzw. IT-Bereich.

Lidl-Gründer Dieter Schwarz ist einer neuen Aufstellung der *Welt am Sonntag* zufolge weiterhin der reichste Deutsche mit einem geschätzten Vermögen von 41,8 Milliarden Euro. Auf den Plätzen zwei und drei folgen die Familie Reimann (Coty, Jacobs Douwe Egberts) mit einem geschätzten

Gesamtvermögen von 21,45 Milliarden Euro sowie die Familie Wolfgang Porsche (Porsche, VW) mit 20,0 Milliarden Euro.

Das Vermögen der 1000 reichsten Deutschen beläuft sich derzeit auf geschätzte 1,1 Billionen Euro.

Weltweit sieht es nicht besser aus: Fast die Hälfte des Vermögens ist konzentriert bei den Vermögensmilliardären, die 2019 weniger als 1 % der Weltbevölkerung ausmachten.

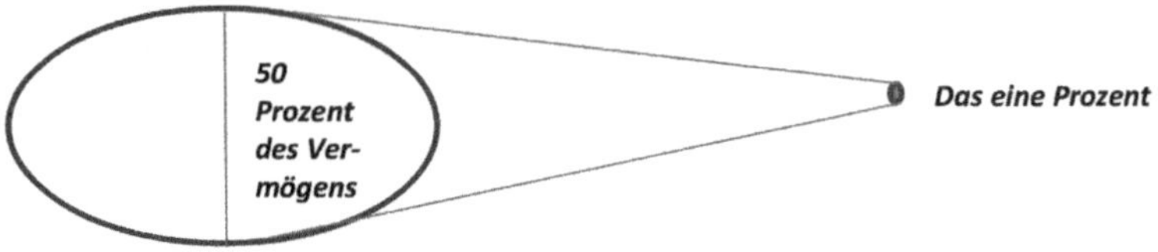

Pikanterweise, aber nicht sonderlich überraschend, ist Reichtum auch noch mit zusätzlicher Umweltbelastung verbunden. Wie eine Studie von Oxfam (›Confronting Carbon Inequality‹/Bekämpfung der CO2-Ungleichheit) zeigt, schädigt das wohlhabendste *eine Prozent der Menschheit* das Klima *doppelt so stark* wie die *ärmere Hälfte der Welt.*[84]

Aus Krisen gehen die führenden Eliten der Gesellschaft reicher und mit mehr Einfluss hervor

Eine alte Erkenntnis wird durch die Corona-Krise wieder bestätigt: Krisen verschärfen die materielle und soziale Ungleichheit. »Während die Weltwirtschaft in der Rezession steckt, profitierten im vergangenen Jahr vor allem die Superreichen von der Krise: 2020 konnten die 500 reichsten Personen ihr Vermögen um die Rekordsumme von 1,8 Billionen Dollar steigern – ein Zuwachs von 31 Prozent«; meldet die Süddeutsche Zeitung.[85]

Im Vorfeld des Weltwirtschaftsforums veröffentlichte *Oxfam* den Bericht Das Ungleichheitsvirus. Der Bericht offenbart, »wie die Corona-Pandemie soziale Ungleichheit verschärft und warum die Lösung in einem gerechten Wirtschaftssystem liegt.«[86]

Weil der Bericht sehr umfangreich ist und von mehreren Hundert WissenschaftlerInnen erarbeitet wurde, sollen die wichtigsten Ergebnisse dieses Berichts hier knapp referiert werden:

- Das Vermögen der (im Dezember 2020) *zehn reichsten Männer der Welt* ist seit Februar 2019 – trotz der Pandemie – um fast eine halbe Billion US-Dollar auf 1,12 Billionen US-Dollar gestiegen. Dieser Gewinn wäre mehr als ausreichend, um die ganze Weltbevölkerung gegen Covid-19 zu impfen und sicherzustellen, dass niemand durch die Pandemie in Armut gestürzt wird.
- Das Gesamtvermögen *aller Milliardär*innen* beläuft sich jetzt auf fast 12 Billionen US-Dollar (Stand Dezember 2020). Die derzeit *drei reichsten Milliardäre* hatten in diesem Zeitraum exorbitante Zuwächse: Elon Musk (Tesla) 131 Milliarden, Jeff Bezos (Amazon) 60 Milliarden und Bernard Arnault (Dior, Moet, Hennessey) 76 Milliarden US-Dollar. Allein mit dem Vermögen, das Jeff Bezos zwischen März und August 2020 angehäuft hat, könnte er allen 876.000 Mitarbeiter*innen von Amazon einen einmaligen Bonus von 105.000 US-Dollar zahlen.
- In Deutschland verfügten die *zehn reichsten Deutschen* Ende 2020 über ein Gesamtvermögen von rund 242 Milliarden US-Dollar – trotz Pandemie eine Steigerung von rund 35 % bzw. 62,7 Milliarden US-Dollar gegenüber Februar 2019. Die reichsten Milliardär*innen Deutschlands, die Aldi-Eigentümer*innen Beate Heister und Karl Albrecht jr., konnten ihr Vermögen um 6,4 Milliarden US-Dollar steigern. Auch in der Corona-Krise stellen viele große Unternehmen ihre Gewinne über die Interessen der Arbeitnehmer*innen und drücken weiter die Kosten in der Lieferkette. Die politischen Reaktionen auf die Krise, versuchen sie in ihrem Sinne zu beeinflussen.
- Einige der größten *Konzerne* der Welt schütteten auch in Zeiten der Krise Milliardengewinne an die Aktionär*innen aus. Dazu gehören auch deutsche Konzerne. So wurden 2020 an Aktionär*innen von BMW, darunter einige der reichsten Menschen Deutschlands, über 1,6 Milliarden Euro an Dividenden ausgezahlt. Davon kam rund die Hälfte den Hauptaktionär*innen Susanne Klatten und Stefan Quandt

zugute, während im Frühjahr 2020 ca. 20.000 Mitarbeiter*innen Kurzarbeitergeld bezogen.

- *Konzerne* fixieren sich zunehmend auf kurzfristige Gewinne und Dividendenausschüttungen, wobei letztere dramatisch gestiegen sind. In der Gruppe der sieben führenden Industrieländer (G7) stiegen die Löhne zwischen 2011 und 2017 gerade einmal um 3 %, die Dividenden dagegen um 31 %.
- Die Hauptlast der Krise tragen vor allem kleine und mittlere Unternehmen (KMU) sowie Arbeiter*innen – und hierbei überproportional Frauen mit niedrigen Löhnen.
- Die Pandemie und ihre wirtschaftlichen Schäden führten dazu, dass Millionen Menschen ihre Arbeit verloren und Not und Hunger ins Auge blicken mussten. In fast allen Ländern hatten *die finanziell am schlechtesten gestellten Menschen aufgrund der Pandemie noch weniger Einkünfte*. In Deutschland beispielsweise haben laut WSI-Verteilungsbericht 40 % der Erwerbspersonen durch die Pandemie Einkommen verloren und Menschen, die schon vorher ein niedrigeres Einkommen und eine weniger sichere Position auf dem Arbeitsmarkt hatten, sind besonders oft von Einbußen betroffen.

Dieser Oxfam-Bericht sei durch einen Kommentar von Günther Moewes in der FR vom 27.01.2021 ergänzt, der die Unzufriedenheit mit und die Verunsicherung über die letzten 40 Jahre wirtschaftlicher Entwicklung in den westlichen kapitalistischen Gesellschaften verständlicher macht.

Denn seit den 70er Jahren ist der Nachkriegsboom in der alten Bundesrepublik endgültig vorbei, und die Arbeitslosigkeit stieg in mehreren Etappen an.

Moewes weist darauf hin, dass sich von 1941 bis 1978 die Löhne der US-Arbeiter verdoppelt hätten. Heute dagegen besitzen die drei reichsten US-Milliardäre so viel wie die gesamte ärmere Hälfte der US-Bevölkerung.

»Das eigentlich irre« sei aber »die jährliche Zunahme der Supervermögen: Die Vermögen der zehn Reichsten der Welt betrugen 2010 zusammen 342 Milliarden Dollar, 2021 bereits 1.136 Milliarden. Zuwachs: 233 %. Die

2.189 Milliardäre der Welt besaßen 2010 zusammen vier Billionen Dollar. Im April 2020 waren es bereits acht Billionen und Ende 2020 10,2 Billionen. Zunahme allein in den letzten acht Monaten: 28 %. In Deutschland besitzen die drei reichsten Familien zusammen ›nur‹ 106 Milliarden Euro.«

Diese gegenläufigen Entwicklungen hängen aber zusammen, was auch ihre Sprengkraft ausmacht und den gesellschaftlichen Zusammenhalt bedroht:

»Diese monströsen Kapitalanhäufungen auf der einen Seite erzeugen auf der anderen Seite den gleich großen Fehlbedarf bei der Existenzsicherung der weltweiten Bevölkerungen. Wir alle bezahlen diese Monstervermögen mit Preisen, Mieten, Einkommensverlusten und fehlenden öffentlichen Leistungen bei Grundeinkommen, Pflege, innerer Sicherheit, Lebensmittelkontrolle etc.« – eine enorme Ungleichverteilung.

»In den ärmeren Ländern geht das bis zu Existenzverlust und Hungertod: Etwa wenn Fischer, Kleinbauern und Kleinunternehmer ihre Lebensgrundlagen an Fischereifangschiffe oder Importeure von Billiglebensmitteln und -textilien aus Industrieländern verlieren.«

Moewes' Schlussfolgerung, wir alle bezahlen für den Reichtum einiger weniger, ist nichts hinzuzufügen.

Zwar ist es nicht verwunderlich, dass die Oligarchie und ihre Anhänger bis auf wenige Ausnahmen mit Zähnen und Klauen ihre ökonomischen und politischen Vorrechte verteidigen. Der Versuch der Kanzlerkandidatur von Friedrich Merz in der CDU ist ein Beispiel, die Verdrängung von Bernie Sanders von der Spitzenposition der Demokraten für die Präsidentenwahl im November 2020 in den USA ein weiteres Beispiel, die Übernahme des italienischen Ministerpräsidentenamts durch Ex-EZB-Präsidenten Mario Draghi ein drittes.

Gleichzeitig schlägt indes auch die Natur wahrnehmbarer zu als früher – und das global, wie die zahlreichen ›Naturkatastrophen‹ zeigen. Das bedeutet aber, dass in Krisen- und Notzeiten auch das Recht noch mehr gefährdet ist. Wer also über Umweltprobleme besorgt ist, über Völkerwanderungen und Fluchtbewegungen, wer in Sorge um ein friedliches Zusammenleben der Völker ist, um humanistische Werte generell und um Demokratie und Rechtsstaat, der sollte sich um die ›inhärente Kriminalitätsaffinität‹ unseres

Wirtschaftssystems durchaus Gedanken machen. Es lohnt sich also nicht nur aus demokratischer und rechtsstaatlicher Sicht, sondern auch aus ökologischer Sicht, der Kriminalitätsaffinität nachzugehen und sich an deren Überwindung zu beteiligen.

Die Reichtums-Debatte ist keine Neid-Debatte! Sie ist eng mit der Demokratiefrage verknüpft

Die Reichtumsdebatte wird mit Vorliebe, in voller Absicht und gebetsmühlenhaft als sogenannte ***Neid-Debatte*** geführt. Das aber greift zu kurz, wie im Folgenden gezeigt werden soll. Gemäß diesem Narrativ schüren die KritikerInnen der ungleichen Vermögen den Neid auf die angeblichen LeistungsträgerInnen, die im Grunde das vormachen, was prinzipiell *alle* erreichen könnten, wenn sie sich nur gehörig anstrengen und dazu noch etwas Glück haben würden. Tröstend fügen die Boulevardblätter noch hinzu, dass man Geld nicht essen kann, und dass viele Reiche gar nicht immer so glücklich sind.

Vor allem aber würde eine Einebnung der ungleichen Verhältnisse den bisher Benachteiligten auch noch die Aussicht oder den Traum nehmen, einstmals auch zu großem Reichtum zu gelangen. Es gibt dafür viele Narrative; manche davon, wie das vom Tellerwäscher zum Millionär, sind inzwischen verstaubt. Trotzdem sollte man ihre Wirkung nicht unterschätzen. Es hat schon seinen Grund, weshalb Thomas Piketty seinen Band Das Kapital im 21. Jahrhundert um einen noch dickeren Band Kapital und Ideologie ergänzt hat. Sein erster Band habe die politisch-ideologischen Entwicklungen, die von den beschriebenen Ungleichheiten und Umverteilungen nicht zu trennen seien und diese rechtfertigen und sozusagen über entsprechende Erzählungen popularisieren, als eine Art *black box* behandelt.[87]

Die sogenannte Neid-Debatte ist ein bisher sehr erfolgreiches Ablenkungsmanöver. Was bei der Reichtumsdebatte – so sie überhaupt geführt wird – nämlich unter den Tisch fällt, sind die ungeheuren Einflussmöglichkeiten, die mit Reichtum verbunden sind und immer schon waren. Aber genau das sollte interessieren, wenn es um Demokratie und Recht geht.[88]

Denn mit privat verfügbaren Milliarden lassen sich ganze Kolonnen von Werbern einkaufen, Think-Tanks bezahlen, Medien und Nachrichtenbeiträge finanzieren, soziale Netzwerke unterhalten und wissenschaftliche Einrichtungen wie Lehrstühle und auch Institute betreiben (›gekaufte Wissenschaft‹[89]). Sonderinteressen, insbesondere wenn sie dem Allgemeininteresse zuwiderlaufen, können dann nicht nur offensiv verbreitet werden, sondern auch noch mit einem wissenschaftlichen Schein versehen werden.

Das Arm-Reich-Gefälle hat eben nicht nur eine ›Gerechtigkeits‹-Seite, ist nicht nur eine moralische Kategorie und betrifft nicht nur die materielle Sphäre und das schnöde Geld. Es allein auf soziale Gegensätze zu reduzieren, verkürzt das Problem.

Erst wenn auch das Ausmaß des Einflusses der Wenigen gegenüber den Vielen und damit die Grundfrage der Demokratie in den Fokus genommen wird, ist zumindest das Problem vollständig erfasst.

Deshalb sprechen kritische AutorInnen erst dann von (echter) Demokratie, wenn über die formalen Beteiligungsmöglichkeiten hinaus auch die tatsächlichen Einflussmöglichkeiten einbezogen und gewährleistet sind (›soziale Demokratie‹). Die soziale Demokratie würde eine Einbettung der wirtschaftlichen Beziehungen in gesellschaftliche Institutionen erfordern, welche die private Interessenverfolgung in Richtung eines solidarischen Sich-Ergänzens regulieren.[90]

Ohne Einbezug von Unternehmen, insbesondere ab einer gewissen Größe, in die gesellschaftliche Mitbestimmung ist Demokratie bestenfalls eine ›halbierte‹, wie Hans See sagt. Dies wurde im letzten Kapital ausgeführt.

Wenn aber auch die für die demokratische Einflussnahme *reservierte* Hälfte von einer Oligarchie für ihre Zwecke eingespannt wird, bleibt nicht mehr viel übrig. Schauen wir zunächst auf die Schwergewichte bei Vermögen und Einfluss.

In den beiden nachfolgenden Schaubildern sehen wir jeweils die 10 Personen mit den größten Vermögen.

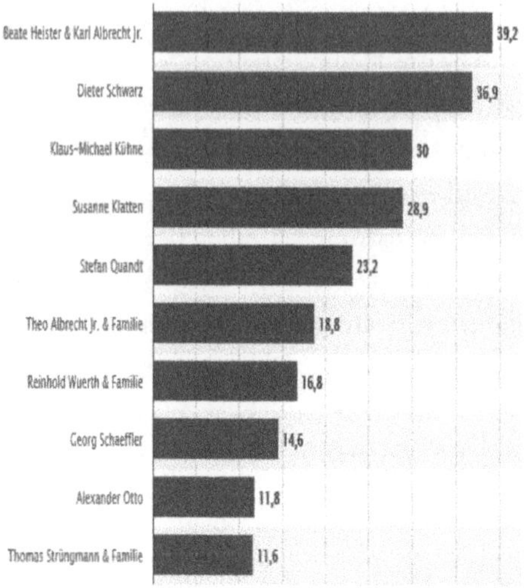

Die reichsten Deutschen im Jahr 2021 nach Vermögen (in Milliarden US-Dollar; destatis, Stand 22. März 2021)

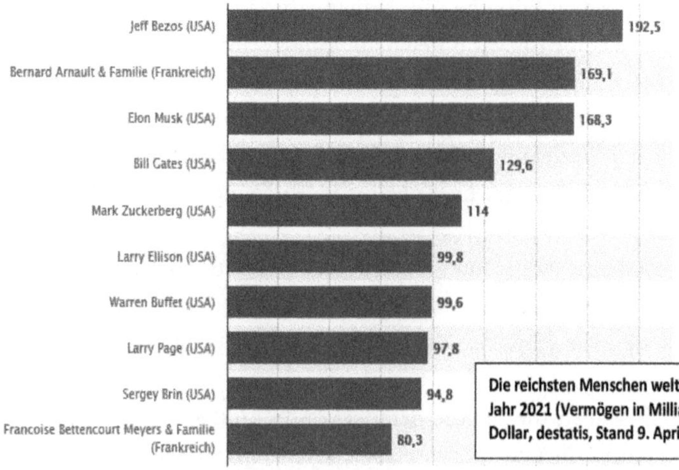

Die reichsten Menschen weltweit im Jahr 2021 (Vermögen in Milliarden US-Dollar, destatis, Stand 9. April 2021)

oben: https://de.statista.com/statistik/daten/studie/162320/umfrage/die-reichsten-deutschen/

unten: https://de.statista.com/statistik/daten/studie/181482/umfrage/liste-der-top-25-milliardaere-weltweit/

Alle diese Personen üben mittels ihrer Milliardenvermögen einen beträchtlichen, politischen Einfluss aus, von dem Tausende von gewählten VolksvertreterInnen nur träumen können.

Apple-Chef Tim Cook hat in seinem Unternehmen neuerdings 190 Milliarden Dollar an liquiden Finanzmitteln zur Verfügung. Was macht er damit?

Hat Elon Musk (Tesla und SapceX) Jeff Bezos (Amazon und Blue Origin) an Reichtum überholt? Der US-Nachrichtendienst Bloomberg sagt ja und beziffert das Musk-Vermögen mit 193,6 Milliarden Dollar gegenüber 185 Milliarden bei Bezos.[91] Bill Gates wurde bereits im November 2020 überholt und auf Rang 3 verwiesen.[92]

Unsere Oligarchie lebt in einer eigenen Blase

Es ist schon erstaunlich, mit welchen Augen und welch strengem Blick wir auf andere Staaten und ihre Verfasstheit blicken, und mit welchen Augen auf unseren eigenen Staat und unsere eigene Verfasstheit. Der Ausdruck ›Oligarchie‹ hat als Beschreibung der herrschenden Schicht für die USA durchaus schon Eingang in den Mainstream gefunden, hierzulande zögert man noch.

Dass sich in den USA eine Oligarchie herausgebildet hat, die alles unternimmt, um ihren Reichtum zu mehren, und die sich dabei auf zwei sich abwechselnde Parteien stützt, welche die Verbindung zwischen dem Staat und dem privaten Reichtum herstellen, all dies ist ein fast unbestrittenes Bild der amerikanischen Verhältnisse aus deutscher Sicht.

Wenn es aber um Deutschland geht, spricht man nicht von Oligarchie, sondern lieber von ›Eliten‹, vielleicht weil es schöner klingt.

Und auch hier gelingt es deren Angehörigen immer wieder, den Eindruck zu erwecken, sie seien natürlich ›aus dem Volk‹. Stellvertretend seien zwei bekanntere Beispiele angeführt, um die Denk- und Handlungsweise dieser Schicht zu illustrieren. Ob es Friedrich Merz (CDU) ist oder Peer Steinbrück (SPD), macht dabei oft wenig Unterschied.

Friedrich Merz und das bisschen Altersvorsorge

In der Wochenzeitung *der Freitag* (1-2021) zeichnet Wolfgang Michal ein Porträt von Friedrich Merz, aus dem die folgenden Auszüge entnommen sind:[93]

> »An der Westgrenze des Hochsauerlands liegt der kleine ›Verkehrslandeplatz‹ Arnsberg-Menden. Im Hangar stehen zwei Flugzeuge des Politikers und Geschäftsmanns Friedrich Merz. Das eine (Listenpreis: 920.000 Euro) fliegt er selbst, das andere (Listenpreis: 3,7 Millionen US-Dollar) vermietet er über seine Firma Volatus an die Arnsberger WEPA Industrieholding des Familienunternehmers Martin Krengel, den man auch den ›König des Klopapiers‹ nennt, weil er seine ›Hygienetücher‹ inzwischen in alle Welt verkauft. Bei der WEPA ist Merz außerdem Vorsitzender des Aufsichtsrats, aber eine Interessenkollision sieht er darin nicht. (…)
> Schon als Abgeordneter hatte er zu denen gehört, die sich als Lobbyisten eine goldene Nase verdienen. Verbissen kämpfte er gegen die Offenlegung seiner Nebentätigkeiten. 2005 trat er in die global agierende Wirtschaftskanzlei Mayer Brown ein und sammelte gut dotierte Mandate in Aufsichts- und Verwaltungsräten. Die Welt erlebte er vor allem in Elitenetzwerken, wo Politiker auf Wirtschaftsbosse treffen: im lokalen Rotary Club in Arnsberg oder in den noblen ›Denkfabriken‹ der Großbanken, in Rockefellers Trilateraler Kommission und in Warburgs Atlantikbrücke. Merz zieht es stets dorthin, wo das Geld sitzt. 2009 wird er Aufsichtsrat der feinen Düsseldorfer Geschäftsbank HSBC Trinkaus, gegen die später wegen Cum-Ex-Betrugs ermittelt wird, ebenso wie gegen den US-Vermögensverwalter Blackrock, dessen Deutschlandgeschäft Merz ab 2016 ›beaufsichtigt‹. (…)
> Im Juni 2010 betrauen ihn die CDU/FDP-Regierung in NRW und der staatliche Bankenrettungsfonds SoFFin (zuständiger Finanzminister: Wolfgang Schäuble) mit dem Verkauf der WestLB. Das Honorar aus der Staatskasse beträgt sensationelle 5.000 Euro am Tag. Obwohl die Verkaufsgespräche nach kurzer Zeit scheitern, fließt das Honorar einfach weiter, 396 Tage lang, für nichts.«

Wenn es nach dem Millionär Friedrich Merz geht, soll der Gesetzgeber die Deutschen zur privaten, kapitalmarktorientierten Altersvorsorge *verpflichten*. Doch dadurch würde die Altersvorsorge an das Schicksal der Börsen gekoppelt werden. Bei einem Crash würden die Menschen alles verlieren.

»150 Euro im Monat – eine Summe, die für viele Haushalte machbar ist«
Diese Aussage machte Merz In einem Interview mit der FAZ. Sie verdeutlicht, dass dem altgedienten CDU-Politiker und Ex-Black-Rock-Vertreter ein Sinn für die wirtschaftlichen Realitäten der Deutschen fehlt. Ihm selbst scheint es gut zu gehen.

Das *Handelsblatt* nannte diesbezüglich im April 2019 folgende Zahlen: CDU-Politiker Friedrich Merz besitze 150.000 Stadler-Aktien in einem Gesamtwert von rund 5,7 Millionen Euro. Der CDU-Politiker sei bereits seit 2006 Verwaltungsrat des Zugherstellers.

Und das *Vermögensmagazin* berichtet, dass Merz selbst zugegeben habe, dass er rund 1 Million Euro brutto pro Jahr verdiene. Dass Friedrich Merz sich trotzdem nicht zur Oberschicht zugehörig fühle, sei umso erstaunlicher. Sein Vermögen habe er sich auch als Lobbyist erarbeitet. Das geschätzte Vermögen von Friedrich Merz betrage 12 Millionen Euro.

Peer Steinbrück und der Pinot Grigio

Die *BILD* – aber auch andere Zeitungen und Magazine ließen sich dies nicht entgehen – veröffentlichte am 03.12.2012 die später während des Bundestagswahlkampfs 2013 berühmt gewordene Aussage von Peer Steinbrück als SPD-Kanzlerkandidat:

> Überraschendes Bekenntnis von SPD-Kanzlerkandidat Peer Steinbrück (65)!
> Bei einer Diskussionsveranstaltung des Politmagazins ›Cicero‹ ging es um die Frage, ob das Kindergeld erhöht werden müsse.
> Steinbrück klar dagegen: »Schon zehn Euro Erhöhung würden den Staat eine

> Milliarde kosten. Und man weiß dann auch nicht, wo das Geld hingeht.« Und: »10 Euro sind ja auch zwei Schachteln Zigaretten, zweieinhalb Bier oder zwei Pinot Grigio – also zwei Gläser Pinot Grigio, denn eine Flasche, die nur 5 Euro kostet, würde ich mir nicht kaufen.«

Schlimmer allerdings – aber nicht gerügt – ist eigentlich der Vorwurf, das erhöhte Kindergeld würde ja ohnehin vom schnöden Volk nur für Zigaretten oder Bier zweckentfremdet.

Da die Angehörigen dieser Schicht, zumal wenn sie politisch aktiv sind, eine eigene, abgehobene Wahrnehmung von den gesellschaftlichen Vorgängen und Problemen entwickeln und diese meist nicht so kritisch von den Medien kommentiert wird wie in den vorstehenden Texten, muss man sich nicht über eine Entfremdung zwischen unserem Spitzenpersonal und dem Durchschnitt der Bevölkerung wundern.

Wenn sich das Eigentum an Unternehmen und das sonstige Privateigentum hochkonzentriert in der Hand einer kleinen, aber bedeutenden Gesellschaftsschicht befindet, dann prägt das nicht nur die Machtverteilung, sondern hat auch Einfluss auf das gesellschaftliche Bewusstsein. Ausgestreute Vorurteile werden von einigen begierig aufgegriffen, andere wenden sich irritiert und betroffen ab. Wenigen kann es so gelingen, Einfluss auf die Mehrheitsverhältnisse in einem Volk zu gewinnen. Dies funktioniert insbesondere dann, wenn es sich um kompliziertere Sachverhalte handelt oder in Krisenzeiten, in denen sich die Aufmerksamkeit besonders leicht manipulieren lässt.

Für Thomas Piketty kreist das Interesse der reichen Schicht um den Erhalt und die Förderung des Eigentums. Und dazu gehört wegen der extrem ungleichen Verteilung eben auch die Rechtfertigung dieser Ungleichheit durch die Reichen.

Für den Elitenforscher Michael Hartmann hat das Bewusstsein der herrschenden Schicht noch eine andere Dimension:

> »Ein Merkmal, das für die meisten Elitenmitglieder vor allem in der Wirtschaft charakteristisch ist: Die Ausübung von Macht über längere Zeiträume hat zur

Folge, dass der Glaube wächst, die allgemeinen Regeln hätten für einen selbst nur noch eingeschränkt Gültigkeit…«[94]

Es sei an die Anrufe empörter Banker beim hessischen Ministerpräsidenten Koch aus Anlass von Betriebsprüfungen erinnert. Solcherart Drohungen mit Anrufen ›beim Chef‹ gehören nicht ohne Grund zum guten Ton in Krimis. Dazu benötigen die Anrufer aber auch eine dazu passende Denk- und Handlungsweise beim politischen Establishment. Hier haben in Bezug auf die Regierung Roland Koch in Hessen die FR-Autoren Pitt von Bebenburg und Matthias Thieme den Hintergrund ausgeleuchtet.[95]

Aber auch den zuerst psychiatrisierten und dann entlassenen hessischen Steuerfahndern hat Frank Wehrheim ein Erinnerungsdenkmal gesetzt.[96]

Als der ehemalige Vorstandsvorsitzende der Deutschen Post AG, Klaus *Zumwinkel* verhaftet und vor laufenden Fernsehkameras abgeführt wurde, war deshalb das Erstaunen über solcherart martialisches Vorgehen doch recht groß, zunächst auch über das gefällte Urteil von zwei Jahren Freiheitsentzug auf Bewährung und einer Zahlung von einer Million Euro. Aber die Entwarnung folgte auf dem Fuß: Die kurze Zeit später bekannt gewordene vorzeitige Auszahlung seiner Pension über 20 Millionen und einer Bonuszahlung, während die Post AG Verlust machte, rückten das Bild der aufgehaltenen Hand dann doch wieder in den Vordergrund.

Noch heute lässt sich das ungebrochene und gern zur Schau gestellte *Unrechtsbewusstsein* der TOP-Automanager beim Abgas-Betrug beobachten.

Unvergessen auch das Victoryzeichen des Chefs der deutschen Bank, Josef Ackermann beim Mannesmann-Prozess am 21.1.2004 im Düsseldorfer Landgericht, in dem es um Untreue im Zusammenhang mit Millionen-Abfindungen bei der Übernahme von Mannesmann durch Vodafone ging.

Aber auch Ackermann hatte mit Hilmar Kopper einen Vorläufer, als dieser den 50-Millionen-Schaden von Handwerkern infolge der Pleite des Frankfurter Baulöwen Jürgen Schneider als ›Peanuts‹ bezeichnete.

Der bereits zitierte Rainer Mausfeld hat bei einem seiner Vorträge zur Veranschaulichung der Überheblichkeit und Abgehobenheit dieser Schicht den französischen Staatspräsidenten Macron zitiert, der sagte: Es gibt Leute, die Erfolg haben und Leute, die nichts sind (gens, qui reussissant et d'autres qui ne sont rien).

Diese Schicht ist allerdings nicht nur im exekutiven Bereich des Staates anzutreffen. Über die Richterwahlausschüsse setzt sich eine solche Denk- und Verhaltensweise auch in den oberen Etagen der Judikative fort. Aus den USA wurden die Ernennungen konservativer Richter der obersten Gerichte durch Donald Trump regelmäßig in den deutschen Medien berichtet und die damit verbundene Absicherung der Trumpschen Politik meist negativ kommentiert. Hierzulande ging es bei der Medienberichterstattung dagegen vergleichsweise zurückhaltend zu.

Dabei gilt hier das Gleiche. Wenn man bedenkt, dass das oberste Finanzgericht, der Bundesfinanzhof in die Auseinandersetzung um die Gemeinnützigkeit von attac u.a. involviert war oder das Bundesverfassungsgericht in die Auseinandersetzungen um Kriegseinsätze oder die Kreditpolitik der EZB, dann wird recht schnell deutlich, warum die Besetzung der obersten Gerichte mit Gleichgesinnten ein Anliegen der Politik ist.

Dazu kommt die besondere Rolle der Staatsanwälte, die ja weisungsgebunden sind und über die Ermittlungen und die Anklageerhebung entscheiden.

Damit soll nicht unterstellt werden, dass die Justiz nicht unabhängig von der Exekutive und (was die Verfassungsgerichte angeht) nicht unabhängig von der Legislative sei. Aber die beschriebene und verbindende Denk- und Verhaltensweise, ein gemeinsames Bewusstsein der ›Funktionselite‹ (Hartmann), würde das Einfallstor für die kriminelle Ökonomie weiter öffnen.

Dazu passt, dass sich Josef Ackermann in dem oben genannten Prozess darüber beklagte, dass Deutschland das einzige Land sei, in dem diejenigen, die Erfolg haben und Werte schaffen, deswegen vor Gericht gestellt werden. ›Folgerichtig‹ endete das erste Verfahren mit einem Freispruch, wurde nach Revision neu aufgerollt und endete mit einer Einstellung des Verfahrens gegen Geldauflage – eben Peanuts.

Steuerhinterziehung und Abgabenverweigerung, die sicher häufigste Erscheinungsform der kriminellen Ökonomie, sind die unschönen Kehrseiten von Einkommens- und Vermögensmaximierung für die reichen Schichten der Gesellschaft und Deutschlands Unternehmen. Es ist Geld, das für dringende gesellschaftlichen Aufgaben fehlt und Staat und Kommunen entzogen wird. **Geld-Schleusertum** wäre hier der adäquate Begriff und würde eine Wertehaltung ausdrücken.

Schon bei der ›Banken-Rettung‹ 2007/2008 flammte die öffentliche Debatte um ›unanständige‹ Profitraten und ›überhöhte‹ Managergehälter auf. Hierzu zitiert Hans See aus dem 1. Band des Kapitals von Karl Marx eine auch heute noch hochaktuelle Passage, wo Marx den Gewerkschafter Thomas Joseph Dunning zu Wort kommen lässt:

> »Das Kapital hat einen Horror vor Abwesenheit von Profit, oder sehr kleinem Profit, wie die Natur vor der Leere. Mit entsprechendem Profit wird das Kapital kühn. 10 Prozent sicher, und man kann es überall anwenden; 20 Prozent, und es wird lebhaft; 50 Prozent, positiv waghalsig; für 100 Prozent stampft es alle menschlichen Gesetze unter seinen Fuß; 300 Prozent, und es existiert kein Verbrechen, das es nicht riskiert, selbst auf Gefahr des Galgens. Wenn Tumult und Streit Profit bringen, wird es sie beide encouragieren.«[97]

Es wirkt heute wie aus längst vergangenen Zeiten und ist doch erst 10 Jahre her, dass der bereits mehrfach zitierte Josef Ackermann die Maxime von der 20–25 % Gewinnmarge öffentlich ausgegeben hat und dafür eher bewundert als kritisiert worden ist. Dass dies nur durch waghalsige, aus heutiger Sicht großenteils illegale, jedenfalls illegitime ›Investments‹ zu bewerkstelligen war (und ist), scheint *heute* Konsens. Was jedoch nicht heißt, dass solche Ziele nicht mehr verfolgt werden.

Private Profite um jeden Preis und zulasten der Bevölkerung, aber auch die Ignoranz und Dreistigkeit der privaten Unternehmen zeigen sich bei fast allen Großprojekten der letzten Zeit, sei es nun das PPP-Projekt der Autobahn A 8, Toll-Collect, der Berliner Flughafen BER, Stuttgart 21 usw. Die Bereitschaft, Fehler einzugestehen, gehört jedenfalls nicht zum Geschäftsmodell.

Freistellung von grober Fahrlässigkeit

Hervorstechendes Merkmal ist die immer wieder erstaunliche Befreiung der Schadensverursacher von Verantwortung. Daniela Dahn hat dies am Beispiel der Treuhand so formuliert und es das *Programm der untreuen Hand* genannt:

> »Nach dem Beitritt zur Bundesrepublik am 3.10.1990 bekam die Treuhand den Auftrag, etwa 2000 Betriebe im Jahr abzuwickeln. Dafür bekamen die leitenden Mitarbeiter der Treuhand von Bundesfinanzminister Waigel eine Freistellung vom Straftatbestand der ›groben Fahrlässigkeit‹.
> »Grob fahrlässig in staatlichem Auftrag – das war das eigentliche Programm der untreuen Hand. Ostdeutsche Interessen waren nur dazu gut, sie zu missachten. Der Einigungsvertrag wurde gebrochen, wo immer es ging.«
> Die Folge: »Innerhalb kürzester Zeit gelangten in derart kolonialer Manier 95 Prozent des Volkseigentums in die Hände westlicher Unternehmer.« Dahn zitiert dazu Egon Bahr: »In Ostdeutschland sind feudale, frühmittelalterliche Eigentumsstrukturen geschaffen worden, wie sie selbst in Afrika und im Orient vor zwei Generationen überwunden wurden.«[98]

Da kann die Kritik noch so deutlich ausfallen, Unübersichtlichkeit und fehlender Aufklärungswillen der Medien mischen sich mit dem enormen strategischen Interesse der Wirtschaftselite, die Überreste der Planwirtschaft möglichst zügig ›abzuwickeln‹, öffentliche Diskussionen darüber zu verhindern und den größtmöglichen privaten Nutzen daraus zu ziehen. Und je größer die Dimensionen sind, desto schwieriger wird es für Kritiker, Alternativen ins Gespräch zu bringen.

Exkurs über ›Verschwörungstheorie‹

An dieser Stelle ist es vielleicht passend, dem überbordenden Begriff ›Verschwörungstheorie‹ eine Abfuhr zu erteilen, weil seine inflatorische Benutzung als Etikett rationale Auseinandersetzungen zunehmend erschwert.

Verschwörungen hat es immer gegeben. Genauso wie wilde Verschwörungsgeschichten, die dies ausnutzten und teilweise oder ganz erfunden waren, um den Blick, auch den Hass bis hin zur vernichtenden Gewalt auf und gegen andere Menschen, Menschengruppen oder Bevölkerungsteile zu richten. Und schließlich gab es auch immer den Versuch, rationale Kritik an Vorgängen, die hinter den Kulissen laufen, als ›Verschwörungstheorie‹ zu *denunzieren*.

Damit desavouiert man auf einfache Weise eine rationale Auseinandersetzung, um sich ihrer zu entledigen. Das kann so weit gehen, dass eine solche Auseinandersetzung beispielsweise im Internet technisch sogar ganz unterbunden wird.[99]

Verschwörung zu rufen, dazu schicken Lobbyisten andere vor. Stifter wie Bertelsmann oder Bill Gates brauchen, um ihren Einfluss in konkrete Politik umzusetzen, keine Verschwörung; sie tagen und äußern sich vergleichsweise offen und öffentlich. Das World Economic Forum, die Münchner Sicherheitskonferenz und andere Veranstaltungen bieten die Bühne. Das Problem ist nur, dass viele das nicht kritisch wahrnehmen oder Botschaften nicht entschlüsseln können.

Wie ganze Unternehmen die Politik beherrschen, ist Gegenstand dieses Buchs, aber eine Verschwörung würde ich es nicht nennen! Genauso könnte man Karl Marx einen Verschwörer nennen, der hinter allem das Kapital wittere. Aber so offen formulieren es nicht einmal jene, die den Kapitalismus für das überlegene System halten.

Eine der bislang größten ›Verschwörungen‹ war übrigens die sogenannte ›General Motors Streetcar Conspiracy‹ (Straßenbahn-Verschwörung) von etwa 1927 bis 1950, die auch so bezeichnet wurde. Dass Los Angeles in den 1920er Jahren mit rund 2.000 Kilometern noch das größte Straßenbahnnetz der Welt hatte, weiß heute kaum jemand. Und noch weniger, weshalb es nicht mehr existiert. Weil unter Führung des General-Motors-Chefs Sloan sich mehrere Auto-verbundene Konzerne zusammentaten, um systematisch Straßenbahnen aufzukaufen und dann: stillzulegen. So geschehen in 45 US-Großstädten mit etwa 100 elektrisch betriebenen Straßenbahnsystemen.

Christian Kreiß bezeichnet dies als einen der größten Umweltskandale der Menschheitsgeschichte.[100]

Die kleinen Kinder von ›Verschwörungstheorien‹ sind die ›fake news‹.

Einer ihrer größten Fans war der mächtigste Mann der Welt, der ehemalige US-Präsident Donald Trump, in Deutschland von AfD, in der Europäischen Union von der slowenischen, polnischen und ungarischen Regierung bewundert, von vielen anderen immerhin hofiert.

6. Ohne Regulierung weder Demokratie noch Rechtsstaat – neue Denkansätze werden lauter

Wie in jeder Krise greift das Wirtschaftssystem auch diesmal wie selbstverständlich auf die staatliche Regulierung und Unterstützung zurück, freilich ohne sich die unternehmerische Autonomie dadurch nehmen zu lassen. Aber schränkte nicht der Corona-Lockdown ganze Branchen stärker ein als jemals zuvor? Das stimmt, aber es muss kein Gegensatz sein.

Sobald sich die weltweite Staatengemeinschaft überwiegend auf eine Lockdown-Politik festgelegt hatte, waren die verheerenden Folgen für verschiedene Branchen schnell absehbar. Betroffen waren vor allem die Reise- und Verkehrsbranche, Teile des Handels, der Hotel-, Gaststätten- und Freizeitbereich und vor allem der Kulturbereich bis hin zur (staatlichen) Bildung. Je ›weicher‹ Firmen und Branchen von der Politik eingeschätzt wurden, je weniger Marktmacht dahinterstand, desto größer waren die Folgen. Die Lufthansa ist dafür ein gutes Beispiel: Nur zwei Monate nach Ausrufung einer Pandemie durch die WHO im März 2020 waren am 25. Mai 2020 ›Stabilisierungsmaßnahmen‹ für die Lufthansa von 9 Milliarden Euro von der Bundesregierung beschlossen. Damit war *so gut wie keine Einflussnahme auf die Geschäftspolitik* verbunden, weil die Gelder hauptsächlich durch eine ›stille Beteiligung‹ und neue Aktien mit ›inhaltlich beschränkten Stimmrechten‹ erfolgten.

Betroffen war auch die Wirtschaft als Ganzes, was sich im Rückgang des Bruttoinlandsprodukts ausdrückte (1. bis 4. Quartal 2020 im Verhältnis zum jeweiligen Vorjahr: -1,8 %, -11,3 %, -3,9 %, -2,7 % – destatis).

Aber das ist bei jeder größeren Krise der Fall. Und wie aus jeder Krise gehen die stärkeren Volkswirtschaften und Unternehmen mit einem Startvorteil in den nächsten Aufschwung.

Anzumerken ist in diesem Zusammenhang, dass im Zehnjahreszeitraum 2010–2020 die Corona-Krise das jahresdurchschnittliche BIP nicht mehr drückte als die Spekulations- und Bankenkrise 2009 für den Zehnjahreszeitraum davor (1 % zu 0,9 %).

Wirtschaftswachstum

Bruttoinlandsprodukt preisbereinigt, Veränderung gegenüber dem Vorjahr in %

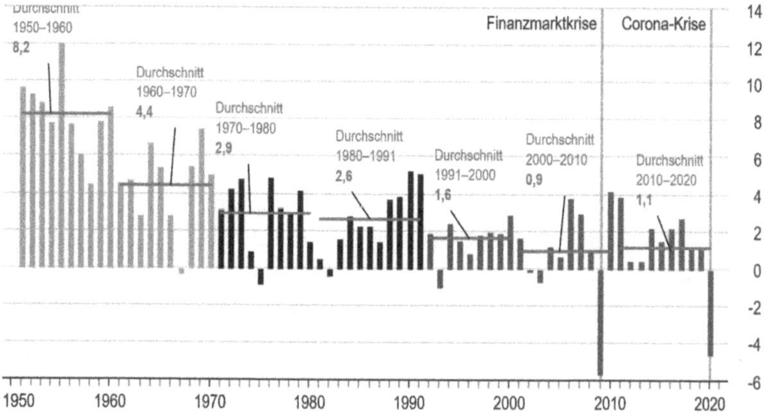

https://www.destatis.de/DE/Themen/Querschnitt/Corona/Wirtschaft/kontextinformationen-wirtschaft.html#BIP

Dass der Staat neue Vollmachten erhielt, um die Schadensregulierung umfassend und zügig vorzunehmen, war auch für die Kapitalseite genauso selbstverständlich wie schon in der Spekulations- und Bankenkrise 2008/2009. Und wie damals, nur in einem vielfach größeren Ausmaß, wurden die Unterstützungsleistungen hochgefahren.

Der deutsche Finanzminister Olaf Scholz prägte dafür den Ausdruck ›Bazooka‹ (siehe auch S. 162) und schlüpfte damit in die Rolle eines Bundeswehrschützen. Scheinbar viel einfacher, aber in Wirklichkeit noch viel größer dimensioniert und vor allem mit einem ungeheuren Machtanspruch versehen war dagegen der Ausspruch ›Whatever it takes‹ des damaligen EZB-Präsidenten Mario Draghi. Diese ›Waffe‹ – die Ausweitung der

Geldmenge – war im Gegensatz zu einer Panzerfaust, die man nachladen muss, unbegrenzt und auch so gemeint.

Hier sollen nicht die Unterstützungsleistungen kritisiert werden. Aber was kritisiert werden soll, ist der erneute Verzicht auf das Recht des Staates, damit eine regulierende Vorgabe für eine aus den Fugen geratene Wirtschafts- und Gesellschaftsordnung zu verbinden.

Wie schon in der Krise davor muss erneut befürchtet werden, dass all die Beteuerungen, die Rolle des Staates, der Gemeinwirtschaft und des Gemeinwohls nicht nur in der Krise zu stärken, nach kurzer Zeit bloß Schall und Rauch sind.

Dabei haben die bisherigen Ausführungen gezeigt, wie notwendig und überfällig eine demokratische Kontrolle der großen Konzerne ist: »Denn solange Demokratie nicht auch die Wirtschaft einschließt, regiert in Wahrheit das Kapital.« (Hans See[101]) Und die Überwindung der kriminellen Seite des Kapitals ließe sich sogar in ein machbares demokratisches Reformprojekt zur Veränderung der kapitalistischen Gesellschaften nutzen.

Dieser Optimismus bei Gründung des Vereins *Business Crime Control* 1991, der sich in diesem Jahr 2021 das 30. Mal jährt, ist heutzutage vielleicht weniger anzutreffen. Dennoch gibt es objektiv und sogar bewusstseinsmäßig auch heute – oder soll man sagen: *gerade heute* – gute Gründe, diese Auseinandersetzung zu führen. Denn die Corona-Krise hat die extremen Schwächen von Demokratie und Rechtsstaat offenbart und die Tür für demokratische Regulierungen eher geöffnet.

»Heute«, stellte See schon 2014 zu Recht fest, »bin ich fest davon überzeugt, dass alles Ringen um mehr Demokratie im Staat und in anderen gesellschaftlichen Institutionen vergeblich ist, solange die Konzerne als demokratiefreie Überstaaten nur Demokratien tolerieren, die ihre Macht vor demokratischer Kontrolle schützen und ihre Ausbeutungspraktiken, selbst die von diesem Staat offiziell durch das Strafrecht verbotenen, faktisch unterstützen. Daher halte ich denen entgegen, die glauben, Wirtschaftsverbrechen könnten allein durch eine Verschärfung des Wirtschaftsstrafrechts oder – wenn dies nicht hilft – durch mehr Demokratie *im Staat* verhindert oder auch nur minimiert werden: Die Demokratisierung der Wirtschaft ist notwendig, weil anders nicht verhindert werden kann, dass es in absehbarer Zeit in immer mehr Staaten der Welt dramatische Mehrheiten für sozialdarwinistische und faschistische Parteien geben wird.«[102]

Diesen Gedankengang hat auch das MEMORANDUM 2010 aufgegriffen. In seinem Schlusskapitel fordert es »die Einführung einer Wirtschaftsdemokratie in den Unternehmen.« Das Gutachten sieht darin auch eine größere Demokratisierung des staatlichen Überbaus mit einbezogen.«[103]

›Wirtschaftsdemokratie wagen‹

Die Arbeitsgruppe Alternative Wirtschaftspolitik befindet sich dabei in guter Gesellschaft. Auch die bereits zitierte Oxfam-Studie (S. 100) kommt zu einer ganz ähnlichen Schlussfolgerung:

> »Der Schlüssel liegt in einer *Demokratisierung der Wirtschaft*, das heißt Entscheidungsmacht muss breit geteilt werden und darf sich nicht bei einigen wenigen konzentrieren.
> Wir brauchen allen in gleicher Weise zugängliche soziale Grunddienste, die nicht einer Gewinnlogik unterworfen werden. Unternehmen müssen demokratisch und gemeinwohlorientiert ausgerichtet sein, damit ihr Handeln allen dient. Und es gilt, vielfältige und durchlässige Marktstrukturen zu schaffen, sodass Macht nicht bei einzelnen Konzernen angehäuft wird. Es kann und darf nicht mehr so weitergehen, wie zuvor – weder in Deutschland oder Europa noch weltweit. Ohne demokratische Wirtschaft wird es keine gerechte und demokratische Gesellschaft geben.«[104]

Heinz-J. Bontrup dreht den Merkel-Spruch von der ›marktkonformen Demokratie‹ um und spricht von der »demokratiekonformen Marktwirtschaft«[105]:

Die fundamentale Umwandlung der Wirtschaft in eine Wirtschaftsdemokratie sei überfällig. »Nicht nur aufgrund der bestehenden Dichotomie zwischen dem demokratisch verfassten Staat als Überbau zur autokratisch vom Kapital beherrschten Wirtschaft…, sondern auch, weil die mittlerweile vorliegende Konzentration des Kapitals, nicht nur des Finanzkapitals, längst die politische Herrschaft im Staatsapparat derart unterminiert hat, dass Politik so gut wie nichts mehr zu sagen hat.«[106]

Die abhängig Beschäftigten müssten auch über das *Investitionsmonopol* des Kapitals verfügen und dürften sich nicht länger als nützliche Idioten auf eine *Konsumfunktion* beschränken lassen.

Das ist die logische Konsequenz, wenn die politische Demokratie nicht zu einer Art ›Restedemokratie‹ schrumpfen soll, die nur noch das verwaltet, was große Konzerne, was geballte Kapitalmacht noch übriglässt. Die entscheidenden Weichen insbesondere in Bezug auf die notwendige ökologische Transformation werden nun mal bei den Investitionen gestellt und erst nachrangig bei den Konsumentscheidungen, auch wenn in der Vergangenheit hie und da von den Konsumenten erfolgreiche Rückwirkungen auf die Investitionen erreicht wurden.

›Bauen wir Demokratie‹

Unter dieser Überschrift hat Klaus Dörre Überlegungen für die Post-Corona-Zeit angestellt.[107] Unter den vielen Vorschlägen möchte ich hier nur einen Gedankengang besonders herausheben, den er an den massiven *Staatsinterventionismus* anschließt, der die Lockdowns begleitet hat.

> »Staatsinterventionismus verpufft, wenn er nicht auch Einfluss auf Produktionsentscheidungen nimmt. (…) Von großen Unternehmen wäre zu verlangen, dass sie Staatshilfen mit Verfügungsrechten für Beschäftigte koppeln. Die so entstehende Sozialisierung von Entscheidungsmacht führte zu einem Prozess, der einer Revolution ohne einmaligen Akt der Machtergreifung gleichkäme. Rechtlich ließe sich das mit einer erweiterten Sozialbindung des Eigentums flankieren. Erhielten die Nachhaltigkeitsziele Verfassungsrang, müssten Unternehmen, die sich diesen Zielen verweigerten, mit Sozialisierung, vor allem aber mit der Demokratisierung wirtschaftlicher Entscheidungsmacht rechnen. Auf

diese Weise entstünden Institutionen einer *transformativen Demokratie*. Ihre Einführung ließe bewusst Spielraum für die Erprobung nachkapitalistischer Wirtschaftsweisen. Sie würde eine Abkehr vom BIP als herausragender wirtschaftlicher Steuerungsgröße und deren Ersetzung durch Entwicklungsindikatoren befördern.«[108]

Solche Überlegungen sind für eine ökologische und soziale Transformation, die diesen Namen verdient, tatsächlich unverzichtbar. Die politischen Kräfte im parlamentarischen Raum setzen jedoch immer noch überwiegend auf den Markt und auf Marktanreize, wohl wissend, dass dies bestenfalls nicht ausreicht und schlimmstenfalls nicht hilft.

Warum es nicht reicht, erläutert Dörre in einem weiteren, guten Vorschlag:

»Nachhaltige Wirtschaftspolitik benötigt Impulse aus der Zivilgesellschaft. Transformationsräte könnten die demokratische Partizipation entscheidend vorantreiben. Über wissenschaftliche Expertinnen hinaus wären sie mit Repräsentanten von ökologischen Bewegungen und Menschenrechtsorganisationen zu besetzen. Sie könnten die Umsetzung von Nachhaltigkeitszielen überwachen, die Produktion langlebiger Güter einfordern und so Regierung und Parteien immer wieder mit dem ökologisch und sozial Nötigen konfrontieren.
Die Liste von Projekten, die für eine Nachhaltigkeitsrevolution unentbehrlich sind, ließe sich erheblich erweitern. Entscheidend ist bei all dem jedoch die Richtung, die eingeschlagen wird. Es geht um Investitionen in das Fundament einer – nunmehr transformativen – Demokratie und damit um die beste Rückversicherung gegen einen erneuten Aufschwung der radikalen Rechten.«[109]

Dahin ist es sicherlich ein weiter Weg. Aber jeder Weg beginnt mit dem ersten Schritt und der Vorstellung von etwas Besserem. Zielrichtungen, Mittel, Werkzeuge und Wegmarken liegen vor, aber Parteien, die sie umsetzen müssten, sind dem Trommelfeuer der Medien ausgesetzt, wenn sie für Mehrheiten werben.

Selbst die Kritik an den Widersprüchen der Krisenpolitik hält sich in Grenzen. Kritik an der bereits dargestellten Bedingungslosigkeit der Staatshilfen für die Lufthansa war im Mainstream kaum zu hören.

https://www.finanzwende.de/kampagnen/lockdown-fuer-dividenden-keine-staatshilfen-an-aktionaere/

Einzig der skandalöse Widerspruch, Hilfsgelder auch noch zur Dividendenzahlung an Reiche zu benutzen, hat etwas für Aufruhr gesorgt (siehe das Plakat der NGO *Finanzwende*). Aber zu einer Änderung der Praxis hat auch das nicht geführt.

Allein die 100 größten Aktiengesellschaften planten (und haben es bereits in Teilen umgesetzt), knapp 40 Milliarden Euro an ihre Aktionäre auszuzahlen, obwohl sie gleichzeitig Corona-Unterstützungsleistungen erhielten, z. B. um ihre Beschäftigten halten zu können.

So hat die Daimler-AG auf ihrer Hauptversammlung Ende März 2021 beschlossen, die ausgeschüttete Dividende um 50 % zu erhöhen und damit 1,4 Milliarden Euro an die AnteilseignerInnen auszuschütten. Der zugrunde liegende Gewinn kam auch durch 700 Millionen Euro Einsparungen beim Kurzarbeitergeld zustande, die durch staatliche Unterstützung ermöglicht wurden.[110]

BMW plant Mitte Mai, 1,2 Milliarden Euro auszuzahlen. Allein die Großaktionäre Stefan Quandt und Susanne Klatten sollen dann zusammen über 500 Millionen Euro bekommen, obwohl der Staat Hilfsgelder an BMW zahlte.

Mechthild Schrooten hat dies im *Freitag* vom 8.4.2021 nicht nur kritisiert, sondern auch darauf hingewiesen, dass Unternehmen damit »allein der Systemlogik« folgen. Und sie hat eine Menge berechtigter Fragen gestellt, u.a. die: »Was retten wir da eigentlich mit den ganzen Hilfsprogrammen? Konzernzahlen oder Lebensqualität? Wie wäre es mit einer konsequent ökologisch-sozialen Marktwirtschaft, die Lebensqualität über Renditen stellt?«[111]

Vergleichsweise bescheiden ist dann der Vorschlag, mit einer entsprechenden Besteuerung der Dividenden beispielsweise die Bildung oder andere Mangelbereiche zu finanzieren. Aber selbst dazu müsste die zentrale *Verteilungsfrage* gestellt werden. Und dies wussten unsere Macht*eliten* bisher immer zu verhindern.

Dieser Machtfrage wird bei wirtschaftspolitischen oder ökologischen Vorschlägen oft und gern ausgewichen. Aber so wichtig Sachargumente sind, so wenig nützen sie, wenn singuläre Macht sie ausbremst.

Macht muss also zwingend zivilisatorisch eingehegt werden, »um aus den unermesslichen Blutspuren Konsequenzen zu ziehen«, wie der bereits zitierte Werner Mausfeld bei seinem Vortrag am 25.2.2020 in Frankfurt betonte.

> »Parlamentsentscheidungen spielen offenkundig in kapitalistischen Demokratien für alle grundlegenden Entscheidungen keine Rolle mehr. Die großen politischen Entscheidungen werden zunehmend von Instanzen und Akteuren bestimmt, die nicht der Kontrolle der Wähler unterliegen. Während also die Hülse einer repräsentativen Demokratie weitgehend formal intakt erscheint, wurde sie ihres demokratischen Kerns nahezu vollständig beraubt.«[112]

Diese Form der Demokratie verführt außerdem dazu, »dass sich ein Veränderungswille der Bevölkerung nicht gegen die eigentlichen Zentren der Macht richten kann, sondern nur gegen ihre vordergründigen Erscheinungsformen, die parlamentarischen Repräsentanten und Regierungen«, sagt Mausfeld.[113]

Solches ist übrigens keinem Politiker in den letzten 70 Jahren so gut gelungen wie dem ehemaligen US-Präsident Trump: nämlich 70 Millionen Anhänger bzw. WählerInnen gegen das politische Establishment aufzubringen, dabei aber von den eigentlichen Zentren der Macht fernzuhalten.

Das Kapital muss nach ethischen Prinzipen reguliert werden

Wie man es auch dreht und wendet: An der Einhegung des Kapitals geht kein Weg vorbei, aber zur Einhegung müssen auch die Einflussmöglichkeiten in der politischen Sphäre verändert werden.

Auf dem Neujahrsempfang 2020 der Linken im hessischen Landtag machte der Gastredner und Vorstandsmitglied der IG-Metall, Hans-Jürgen Urban, die *Wirtschaftsdemokratie* zum Thema seiner Rede.

Hans-Jürgen Urban, der als IG-Metall-Vorstandsmitglied und als Privatdozent am Institut für Soziologie der Universität Jena versucht, (Gewerkschafts)Politik und Wissenschaft miteinander zu verbinden, hat sich in vielen Beiträgen zur notwendigen Einhegung und Regulierung des Kapitals geäußert.

»Sollen gesellschaftliche Gebrauchswerte, ökologische Nachhaltigkeit und soziale Gerechtigkeit zu Zielmarken werden, sind andere Spielregeln unverzichtbar. Erforderlich sind politische Eingriffe in die Märkte, bis in die Unternehmensentscheidungen hinein.«[114]

Dass die Unternehmen das nicht ohne Demokratisierung von innen leisten können, begründet Urban nicht nur theoretisch-analytisch. Er beruft sich auch auf eine Befragung von Betriebsräten in der Metall- und Elektroindustrie:

> »[D]er Transformations-Atlas der IG Metall offenbart eine eklatante Strategielücke in den Unternehmen. Er beruht auf einer Befragung von knapp 2.000 Betriebsräten, die gut 1,7 Millionen Beschäftigte in der Metall- und Elektroindustrie vertreten (…). In den Unternehmen herrscht demnach vielfach strategieloser Aktionismus. Viele Unternehmensvorstände denken und handeln in alten Bahnen. Sie missbrauchen die allgemeine Unübersichtlichkeit der Lage. Statt in Prozess- und Produktinnovationen zu investieren, den Interessenausgleich mit Betriebsräten und Beschäftigten zu suchen und gesundheitsförderliche Arbeitsplätze einzurichten, treiben sie lang gehegte Restrukturierungs- und Rationalisierungsstrategien voran. Nicht zum Schutz der Umwelt, sondern um

die überzogenen Renditen der letzten Jahre aufrechtzuerhalten. Die Folgen sind mehr als besorgniserregend. Leistungsdruck und Arbeitsdichte nehmen zu, Qualifizierungsangebote bleiben unzulänglich, und die Beschäftigungsperspektiven werden immer unsicherer.«[115]

Die Demokratisierung von Arbeit und Wirtschaft könne somit auch einen Beitrag zur Stabilisierung der politischen Demokratie leisten. Denn die politische Demokratie, der bürgerliche Parlamentarismus zumal, stellen lediglich eine ›halbierte‹, unvollendete Demokratieform dar, weil sie das Prinzip der demokratischen Selbstbestimmung nur für die Sphäre des Politischen zur Geltung kommen lässt.

Die betriebliche und unternehmenspolitische Mitbestimmung, die Urban wie kein anderer kennt, stoßen an ihre Grenzen, weil Unternehmensentscheidungen in überbetriebliche, regional- und strukturpolitische, gesamtwirtschaftliche sowie sozial- und arbeitsmarktpolitische Strategien und Strukturen eingebettet werden müssen.

»Sollen Wissen, Erfahrungen und Engagement von Beschäftigten und Betriebsräten für eine sozial-ökologische Transformation nutzbar gemacht werden, sind neue Formen der Demokratie im Betrieb unverzichtbar«, sagt Urban. »Dabei geht es um mehr als etwas mehr Mitbestimmung. Es geht um Einfluss auf das Was, Wie und Wofür der Produktion und damit um Einfluss auf den Pfad, den die Transformation in den Betrieben einschlägt.«[116]

Soweit die Unternehmenssphäre. Deren Veränderung wird aber nicht ohne Machteinschränkungen der wirtschaftlichen und staatlichen Eliten über ›wirtschaftsdemokratische Zwischenschritte‹ zu haben sein. Solche Feststellungen hören sich gewagt an, sind aber aus dem Mund eines langjährigen Spitzengewerkschafters sehr wohl auf ebenso langjährige Erfahrungen gegründet.

Demokratische Rechte sind mehr als ›Mitbestimmung‹, erst recht mehr als ›Partizipation‹

Die linke Bundestagsfraktion hatte im November 2016 eine Konferenz mit über 250 Betriebs- und Personalräten in Berlin veranstaltet, auf der dafür plädiert wurde, die betriebliche Mitbestimmung als einen »Teil des dualen Systems der Interessenvertretung parallel zur Tarifautonomie« zu stärken.[117] KollegInnen aus der Praxis forderten eine stärkere Sanktionierung und höhere Strafen bei Verstößen gegen das Betriebsverfassungsgesetz und die Verankerung des § 119 Betriebsverfassungsgesetz (Straftaten gegen Betriebsverfassungsorgane und ihre Mitglieder) im Strafgesetzbuch.

Sarah Wagenknecht, ehemalige Vorsitzende der Fraktion die Linke im Bundestag, hat daraus in einem Aufruf den Slogan ›Wirtschaftsdemokratie wagen‹ entwickelt.

Die Grenzen betrieblicher und unternehmenspolitischer Mitbestimmung müssen also dort überwunden werden, wo es um die Einbettung in überbetriebliche, regional- und strukturpolitische, gesamtwirtschaftliche sowie sozial- und arbeitsmarktpolitische Strategien und Strukturen geht.[118]

Dazu gehören aber nicht nur juristische, formale Regeln, die sicherlich nicht einfach zu formulieren und durchzusetzen sind. Dazu gehört auch eine veränderte Denkweise der Beschäftigten, die oft dazu neigen, das Unternehmenswohl auch dann zu verteidigen, wenn es gesellschaftliche Schäden produziert, schon allein aus Gründen der eigenen Arbeitsplatzsicherung.

Aber auch aus einem anderen Grund werden Beschäftigte von den Unternehmensleitungen für ihre Zwecke instrumentalisiert. Unter den gegenwärtigen Bedingungen hat sich in den Unternehmen eine bestimmte Art und Weise des Regierens eingeschlichen, die Stephan Siemens und Martina Frenzel so beschreiben[119]: Unternehmensleitungen steuern ihre Beschäftigten nicht mehr direkt, sondern indirekt. »Sie konfrontieren die Beschäftigten mit den Marktbedingungen ihrer Arbeit und setzen selbst eine Marktbedingung hinzu – ›Arbeit in diesem Unternehmen ist nur machbar, wenn sie diesen oder jenen Prozentsatz an Gewinn bringt‹. Die Arbeitgeber formulieren ihre Gewinnerwartung so als eine Marktbedingung an die Beschäftigten.«[120] Dies führe zu einer ›Doppelrolle‹ der Beschäftigten: »Einerseits tun sie als Arbeitnehmer das, was sie zu tun haben – nämlich ihre ›eigentliche Arbeit‹. Andererseits übernehmen sie (…) die Unternehmerfunktion, das heißt, sie verbessern ihre Arbeit permanent und richten sie am ›Markt‹ aus.«[121]

Ziel sei es, die immens gestiegene neue produktive Kraft der Beschäftigten unter die Renditeziele der Unternehmen zu zwingen. Dies geschehe durch die Mittel der ›indirekten Steuerung‹. Dagegen helfe nur, dass die Beschäftigten sich selbst mit dem gesellschaftlichen Sinn ihrer Arbeit auseinandersetzen.

> »Erarbeitete Sinnkriterien gesellschaftlicher Produktion, die an die Stelle der Profitabilität als Bedingung kapitalistischer Produktion treten, eröffnen nicht nur eine durchsetzungsfähige Reformperspektive, wenn es gelingt, diesen Prozess gesellschaftlich zu organisieren. Sie begleiten auch den Weg in eine andere Gesellschaftsordnung.«[122]

Dass damit auch das schon von Karl Marx beschriebene und von vielen Soziologen aufgegriffene Problem der **Entfremdung** gelöst werden kann, ist eine der vielen damit verbundenen Hoffnungen. Und dass dazu die Ausschöpfung der Bandbreite dessen gehört, was der DGB-Index *Gute Arbeit* zusammengestellt hat, versteht sich von selbst. Die Erläuterung findet sich im Anhang.[123]

Aber mindestens genauso wichtig ist die Wiederaufnahme der Arbeitszeit-Diskussion in den Gewerkschaften und in der Gesellschaft. Denn eine massive Arbeitszeitverkürzung ist Voraussetzung dafür, dass die Teilnahme an gesellschaftlichen Entscheidungsprozessen überhaupt nennenswert stattfinden kann!

Ich erinnere an die großen gesellschaftlichen Diskussionen und Auseinandersetzungen in den 90er Jahren. Sie hatten zur Folge, dass die VW-Aktiengesellschaft bis auf eine 28,8-Stunden-Woche herunterging. Sie wurde ab 1994 eingeführt, und die Konzessionen an das Gehaltsniveau waren erträglich. Gehalten hat das Modell immerhin bis 2006, als vom VW-Vorstand die Rückkehr zur 35-Stunden-Woche gefordert und durchgesetzt wurde.[124]

Zeit und Durchblick sind die Grundbestandteile für demokratische Mitbestimmung. Das Gegenteil von Durchblick ist Intransparenz.

Transparenz klingt bescheiden – ist aber ein hohes Gut

Transparenz? Wer wollte das nicht?! Ist sie nicht der Ausweis einer redlichen Politik?! Wer nichts zu verbergen hat, muss Transparenz nicht fürchten.

Und doch ist es ein höchst umkämpftes Terrain. Das hängt damit zusammen, dass der größte Teil des Wirtschaftssektors *privat* organisiert ist, und Geschäftsgeheimnisse tunlichst vor der Konkurrenz verborgen werden und deshalb auch geschützt sind. Aber auch dort, wo Politik zugunsten von Wenigen und zulasten von Vielen geht, ist Transparenz für die Nutznießer Gift. Vielleicht ist es deshalb auch nicht verwunderlich, dass *Transparency International* erst 1993 bzw. 1996 (Deutschland) gegründet worden ist.

Zunächst zwei etwas ausführlichere Beispiele: Zum einen das Anfang 2020 öffentlich gemachte Transparenzregister *(Register der wirtschaftlich Berechtigten)*, zum andern der *Transparenzbericht zu laufenden öffentlich-privaten Partnerschaften*, der im Dezember 2020 dem Bundestag vorlag.

Register der wirtschaftlich Berechtigten

2017 wurde mit dem Gesetz über das Aufspüren von Gewinnen aus schweren Straftaten (Geldwäschegesetz – GwG) eine EU-Richtlinie von 2015 umgesetzt. In § 18 GWG ist ein *Transparenzregister* vorgeschrieben, welches das Auffinden von »wirtschaftlich Berechtigten«, also den Personen erleichtern soll, die sich hinter juristischen Personen und/oder verschachtelten Firmen verbergen. Wie der Name schon sagt, geht es um das Aufspüren und Verhindern von Geldwäsche und Terrorismusfinanzierung. Im Transparenzregister sollen diejenigen Akteure zu finden sein, die nicht schon in anderen Registern wie Handelsregister, Vereinsregister usw. enthalten sind.

Aber wie schon in anderen Beispielen dargestellt, ist das mit dem Aufspüren und Haftbarmachen so eine Sache, wenn die Jäger ihre Aufgabe gar nicht lieben.

In einer Studie zur Wirksamkeit des Registers in Bezug auf den Berliner Immobilienmarkt haben Christoph Trautvetter und Markus Henn herausgefunden, dass es sich genau*so* verhält wie vermutet.[125] Es werden erst gar nicht die Jäger aufgeboten, die nötig wären, um das Gesetz durchzusetzen und Transparenz herzustellen. Wenn schon die praktische Umsetzung des (durch eine EU-Richtlinie vorgeschriebenen) Transparenzregisters durch eine *private* Firma erfolgt (eine Tochter der DuMont-Mediengruppe) und für die Überwachung des Vollzugs durch das Bundesverwaltungsamt ganze 4,5 Vollzeitstellen zur Verfügung gestellt werden, dann sagt das Einiges über die politische Absicht der Bundesregierung aus. Denn die Personen auf diesen 4,5 Stellen (2018) waren für 2.571 Ordnungswidrigkeitsverfahren und 51 Bußgeldverfahren zuständig.

Der Titel der Studie lautet folglich auch *Keine Transparenz trotz Transparenzregister*.

Da wundert es nicht, dass für immerhin ein Drittel der untersuchten Gesellschaften trotz umfassender Recherche in den verfügbaren Registern keine natürliche Person als Eigentümer identifiziert werden konnte; und dass von den 111 deutschen Gesellschaften, die im Transparenzregister eingetragen sein sollten, 82 ihrer Pflicht nach mehr als zwei Jahren anscheinend noch nicht nachgekommen sind.

Der *Transparenzbericht* zu laufenden öffentlich-privaten Partnerschaften von 2020

Ähnlich verhält es sich mit Transparenzberichten, zu denen sich die Regierung verpflichtet hat. Zu mehr Offenheit im Umgang mit öffentlich-privaten Partnerschaften ist die Regierung nämlich durch Beschluss des Bundestages vom 12. März 2013 angehalten. Seither muss sie in der Mitte der Legislaturperiode zu laufenden Projekten Bericht erstatten.

Der Journalist Ralf Wurzbacher hat diesen Report von 2020 vernichtend kritisiert[126], aber er war nicht der einzige. Der Bericht nehme »keinerlei Rücksichten auf Sorgfalt und Wahrheit und verkauft ein für den Staat ruinöses Geschäftsmodell als einzige Erfolgsgeschichte. Dauerkritik durch den Bundesrechnungshof findet so wenig Erwähnung wie Pleiten, Rechtsstreitigkeiten und Schattenhaushalte.«[127]

Wurzbacher zitiert den haushaltspolitischen Sprecher der Bundestagsfraktion der Grünen Sven-Christian Kindler, der von einer ›Farce‹ spricht. Und Carl Waßmuth vom Verein *Gemeingut in BügerInnenhand (GiB)* fühlt sich angesichts der Titulierung »ÖPP-Transparenzbericht« an eine Art Neusprech à la George Orwell erinnert.

»Zur Einordnung« schreibt Wurzbacher: »Der Bundesrechnungshof (BRH) hat wiederholt beanstandet, die mit ÖPP verbundenen langfristigen Kosten für den Steuerzahler überstiegen die einer klassischen staatlichen Beschaffungsvariante nicht nur weitgehend, sondern in der übergroßen Mehrheit der Fälle. 2014 hatten die Finanzprüfer sechs dieser Unternehmungen begutachtet. Fünf davon verschlangen insgesamt 1,9 Milliarden Euro mehr als eine Realisierung in öffentlicher Hand.«[128] Und von 15 laufenden oder geplanten Autobahnprojekten in öffentlich-privater Partnerschaft hätten zwölf den ursprünglich veranschlagten Ausgabenrahmen gesprengt.

Whistleblower leben gefährlich

Die unschätzbar wichtige Grundlage jeder kritischen Auseinandersetzung, die Transparenz, ist – wie bereits dargestellt – hin- und hergerissen zwischen Beschwörung und Verleugnung, Orden oder Galgen, je nachdem welchem Zweck sie dienen soll.

Bradley Manning Support Network, http://www.bradleymanning.org
https://commons.wikimedia.org/w/index.php?curid=18159316

Auf die Spitze getrieben wird sie aber von den Whistleblowern, die ich zu den höchst gefährdeten Menschen rechne, wenn ich etwa an Edward Snowden, Julian Assange, aber auch Karen Silkwood denke, welche wegen Enthüllungen über einen AKW-Betreiber in den USA sogar zu Tode kam. Interessanterweise erregten diejenigen Enthüllungen am meisten Aufsehen, die sich mit Militär und Kriegen befassten (Daniel Ellsberg, Anfang der 70er Jahre Vietnam, Snowden, Assange, Chelsea Manning) oder mit Steuerhinterziehung (Panama-Papers, die verfolgten Frankfurter Steuerfahnder). In beiden Fällen ist die kriminelle Seite unserer Wirtschaftsordnung mit im Spiel. Gleiches gilt vermutlich für Daphne Caruana Galizia, die nach Angaben ihres Sohns Matthew wegen ihres couragierten Einsatzes gegen Gesetzesbruch 2017 in Malta getötet wurde. Auch der slowakische Journalist Ján Kuciak und seine Verlobte Martina Kusnírová wurden 2018 getötet, weil sie Verbindungen slowakischer Politiker zu kriminellen Geschäftsmännern und der organisierten Kriminalität auf der Spur waren.

Im Dezember 2019 ist unter diesem Eindruck die neue EU-Richtlinie zum Schutz von Whistleblowern in Kraft getreten.

Hinweisgeber sollen künftig EU-weit einheitlich besser geschützt werden. Die Mitgliedstaaten haben nun zwei Jahre Zeit, um die Vorschriften in nationales Recht umzusetzen. Die neue Richtlinie deckt viele Schlüsselbereiche des EU-Rechts ab, von der Bekämpfung von Geldwäsche über den Datenschutz, den Schutz der finanziellen Interessen der Union, die Lebensmittel- und Produktsicherheit bis zu den Bereichen öffentliche Gesundheit, Umweltschutz und nukleare Sicherheit.

Ab dem 17. Dezember 2021 sollen sich Whistleblower auf sichere Kanäle zur Informationsweitergabe sowohl innerhalb von Unternehmen als auch gegenüber den Behörden verlassen können, ohne verfolgt zu werden. Darüber hinaus sollen sie wirksam vor Entlassung, Belästigung oder anderen Formen von Vergeltungsmaßnahmen geschützt sein.[129]

Inwieweit dies gelingt, darf durchaus bezweifelt werden. Schon der Streit zwischen SPD und CDU Anfang 2021 offenbarte die Bandbreite der Interessengegensätze. Wirtschaftsminister Altmaier verkennt bereits im Ansatz, worum es wirklich geht, wenn er sagt, »dass die Interessen der hinweisgebenden Person mit den gleichermaßen berechtigten Interessen der Unternehmen und der Gesellschaft insgesamt in einen angemessenen Ausgleich gebracht werden«[130]. Denn der Widerspruch verläuft zwischen den Unternehmensinteressen und der Gesellschaft, die Altmaier aber als kongruent unterstellt. Dies gelingt über den simplen Trick mit den Arbeitsplätzen: Vorrang habe die wirtschaftliche Erholung der Unternehmen und damit die Sicherung von Arbeitsplätzen. Auch die Wettbewerbsfähigkeit der deutschen Unternehmen im Europäischen Binnenmarkt müsse erhalten bleiben.[131] Und schon sind wir wieder alle in einem Boot.

Kriminalpräventive Mitbestimmung

Wie man es auch dreht und wendet. So wichtig Informationen sind, so wichtig Transparenz als Grundlage jeglicher rationaler Auseinandersetzung in Wirtschaft, Gesellschaft, Ökologie und Politik ist, sie lassen sich nicht wirklich über gesetzliche Maßnahmen herstellen, wenn die Grundstruktur, die Eigentumsverhältnisse und vor allem die Antriebsmechanismen der Ökonomie nicht ernsthaft verändert werden.

Sonst wiederholt sich in einer Art Endlosschleife das bekannte Hase-und Igel-Spiel.[132] Wie wäre es stattdessen mit einer – nennen wir sie mal – kriminalpräventiven Mitbestimmung?!

7. Flankierende Maßnahmen für Demokratie und Rechtsstaat

Sind Schutz des Eigentums und seine Sozialpflichtigkeit kompatibel?

Grundgesetz für die Bundesrepublik Deutschland

Art 14

(1) Das Eigentum und das Erbrecht werden gewährleistet. Inhalt und Schranken werden durch die Gesetze bestimmt.

(2) Eigentum verpflichtet. Sein Gebrauch soll zugleich dem Wohle der Allgemeinheit dienen.

(3) Eine Enteignung ist nur zum Wohle der Allgemeinheit zulässig. Sie darf nur durch Gesetz oder auf Grund eines Gesetzes erfolgen, das Art und Ausmaß der Entschädigung regelt. Die Entschädigung ist unter gerechter Abwägung der Interessen der Allgemeinheit und der Beteiligten zu bestimmen. Wegen der Höhe der Entschädigung steht im Streitfalle der Rechtsweg vor den ordentlichen Gerichten offen.

Art 15

Grund und Boden, Naturschätze und Produktionsmittel können zum Zwecke der Vergesellschaftung durch ein Gesetz, das Art und Ausmaß der Entschädigung regelt, in Gemeineigentum oder in andere Formen der Gemeinwirtschaft überführt werden. Für die Entschädigung gilt Artikel 14 Abs. 3 Satz 3 und 4 entsprechend.

https://www.gesetze-im-internet.de/gg/BJNR000010949.html

Obwohl das deutsche Grundgesetz beides betont, steht in der Praxis der Eigentumsschutz doch absolut im Vordergrund der Politik. Und selbst Enteignungen dienen oft nicht dem Zweck der Allgemeinheit, sondern spezifischen Kapitalinteressen, wie etwa die Vernichtung ganzer Dörfer durch den Braunkohleabbau noch heute zeigen.

Nicht ohne Grund steht in Artikel 15 *Grund und Boden* an erster Stelle für eine mögliche Überführung in Gemeineigentum. Er ist schlicht nicht vermehrbar (wenn man von der Schaffung künstlicher Inseln oder der Flächenausnutzung durch Hochbauten einmal absieht).

»Für die einen sind die eigenen vier Wände ein Zuhause, für die anderen sind sie Gold«, schreibt Sofie Czilwik im *Freitag* vom 17.12.2020. Und weiter heißt es: »Die einen, das sind die Mieter…, die anderen, das sind Investoren…« Es geht um den Berliner Wohnungsmarkt, dessen Angebotsmieten sich in den letzten 15 Jahren verdoppelt haben, während die Löhne nur um ein Drittel zulegten.

Und es geht nicht um eine Minderheit der Bevölkerung, sondern um jene mehr als vier Fünftel, die zur Miete wohnen.

Ähnliche Probleme weisen fast alle Großstädte in Deutschland auf, weshalb es auch in vielen Bundesländern entsprechende Mieterinitiativen gibt, die regulatorische Einschnitte im Eigentumsrecht an Grund und Boden fordern und teilweise auch durchsetzen.

Erst recht treffen die Probleme im Weltmaßstab zu. Denn inzwischen lebt mehr als die Hälfte der Weltbevölkerung in Städten. Regulierung widerspricht aber nicht nur der herrschenden Ideologie vom Markt, der vermeintlich alles bestens regelt (oder jedenfalls besser als die Gemeinschaft).

Noch gravierender wird es im internationalen Bereich, insbesondere wenn es um das Eigentum an landwirtschaftlich nutzbarem Boden geht. Dieser ist heute weit ungleicher verteilt als noch vor vierzig Jahren, worauf Michael Krätke hinweist.[133]

Den reichsten 10 % der Landbevölkerung gehören mehr als 60 % des Bodens (gemessen am Bodenpreis). Da es aber auch um Abhängigkeitsverhältnisse geht, spielt die folgende Zahl eine noch größere Rolle:

> »Ein Prozent der landwirtschaftlichen *Unternehmen b*esitzt oder kontrolliert heute mehr als 70 Prozent der landwirtschaftlich nutzbaren Böden, der Felder, Plantagen und Farmen rund um den Globus. Zu diesem einen Prozent gehören ausschließlich multinationale, global operierende Agrarkonzerne wie die ABCD-Gruppe: ADM, Bunge, Cargill und Dreyfuss, die zusammen den Weltmarkt für Weizen, Mais und Sojabohnen beherrschen. (…) Heute sind internationale Finanzkonzerne die wichtigsten Akteure, die sich nicht nur um urbanes Bauland oder Immobilien raufen, sondern ebenso heftig um landwirtschaftlich nutzbaren Boden. Diese Finanzinvestoren operieren auf kurze Frist.

Sie treiben die Bodenkonzentration voran, erzwingen die beschleunigte Verwandlung traditioneller Bauernwirtschaften in Monokulturen und mechanisierte Großplantagen ohne Rücksicht auf langfristige Folgen…«[134]

An diesem Beispiel wird besonders deutlich, wo der Schutz des Eigentums gegenüber der Sozialpflichtigkeit längst hätte zurücktreten müssen. Grund und Boden ist – im Gegensatz zu vielen anderen Gütern – nicht beliebig vermehrbar und sollte deshalb in der Hauptsache Gemeingut sein. Wenn das Gegenteil, nämlich Grund und Boden als Ware (und Spekulationsobjekt) dazu führt, dass die negativen Auswirkungen bis hin in die Nahrungsmittelproduktion und in die Wohnungspolitik reichen, also in existentielle Bereiche, dann wird es Zeit, die Sozialpflichtigkeit endlich einzulösen.

Privatisierung vergrößert die Reichweite der kriminellen Ökonomie (›privare‹ = berauben)

Eine inhärente Kriminalitätsaffinität ist nicht an die Privatsphäre gebunden. Auch der staatliche oder gemeinwirtschaftliche Bereich ist vor kriminellen Machenschaften nicht gefeit. Dennoch sind hier die Kontrollmöglichkeiten, mindestens vom Rechtsrahmen her, merklich besser. Und auch die Steuerungsmechanismen sind andere und grundsätzlich gemeinwohlorientiert(er).

Jede Form der Privatisierung gemeinwirtschaftlicher Güter, Strukturen und Abläufe entzieht diese sowohl den gemeinwirtschaftlichen Zielsetzungen, soweit diese nicht als begrenzende Regulatorien wieder eingeführt werden und soweit dies unter dem Mantel des Privatrechts überhaupt möglich ist.

Privatisierung der Beratung

Die Verquickung von politischen Vorgaben und dem Einfluss von Unternehmensverbänden wird umso intensiver, je mehr Staat und Kommunen ihre Sachkompetenzen abbauen. Dies geschah durch den gewaltigen Personalabbau im öffentlichen Dienst in den letzten 30 Jahren, der zum Teil aus finanzpolitischen Gründen erfolgte, zum anderen Teil aber auch offizielle Ideologie neoliberaler Parteien waren.

Die Folge war und ist, dass Staat und Kommunen immer mehr privaten ›BeraterInnen‹ ausgeliefert sind, deren Expertise sie schließlich kaum noch beurteilen können.

Colin Crouch (»Postdemokratie«) geht darauf in einem Beitrag in den *Blättern für deutsche und internationale Politik* ausführlich ein und äußert: »Zugleich steht die Demokratie den Netzwerken der Profiteure dieser Maßnahmen offensichtlich ohnmächtig gegenüber.«[135] Es wäre zu wünschen, dass diese Erkenntnis von der Gesellschaft breiter wahrgenommen und geteilt und zu einer Beendigung dieses Zustands führen würde. Ansatzweise ist dies durchaus in manchen Kommunen in Deutschland bereits der Fall und wird mit »Rekommunalisierung« auf den Begriff gebracht.

Für kritische PolitikerInnen dürfte es äußerst schwer sein, dem Druck der BeraterInnen gegen jede Art von Kontrolle standzuhalten.

Auf eine noch weitergehende Verquickung hat Stephan Hebel von der Frankfurter Rundschau und Autor zahlreicher kritischer Bücher in seinem Vortrag am 6.9.2018 in Frankfurt hingewiesen: Vier private Beratergesellschaften beraten die EU bei der Steuergesetzgebung und hinterher beraten sie die Unternehmen bei der Umgehung. Solch eine ›Pikanterie‹ hält man tunlichst vor der Öffentlichkeit verborgen.

Für solcherlei Beratung bietet die Privatisierung immer größerer Bereiche des öffentlichen Lebens eine ›auskömmliche‹ Grundlage. Die rechtlichen Auseinandersetzungen werden dann nämlich in den Bereich des Privatrechts verschoben, der einer öffentlichen und demokratischen Kontrolle kaum zugänglich ist.

Die Anwendung des Öffentlichen Rechts in Angelegenheiten des Staates oder der Kommunen gewährleistet auch (mehr oder weniger) Transparenz und damit demokratische Kontrollmöglichkeiten. Das Privatrecht schützt dagegen die Unternehmenssphäre und entzieht, wo es zum Tragen kommt, Geschäfte des Staates oder der Kommunen der demokratischen Kontrolle. Jedenfalls wird die Transparenz aus Gründen des »Wettbewerbsschutzes« immens beeinträchtigt.

Je dominanter diese Beziehungen unser gesellschaftliches und insbesondere unser politisches Leben bestimmen, desto mehr gerät auch das Rechtssystem als Überbau in das Fahrwasser wirtschaftlicher Machtverhältnisse.[136] Von daher ist eine Umkehr der Privatisierungsstrategie dringend geboten!

Die öffentliche Hand stärken, anstatt die unsichtbare Hand (invisible hand) des Marktes!

»Hätten die Staaten weltweit nicht mit massiven keynesianischen, kreditfinanzierten Staatsausgabenprogrammen reagiert, wäre der wirtschaftliche Einbruch noch stärker ausgefallen«, sagen Mechthild Schrooten und Heinz J. Bontrup als Sprecherin und Sprecher der Arbeitsgruppe Alternative Wirtschaftspolitik (AWW).[137]

Gemeint sind die infolge der Corona-Maßnahmen der Bundes- und Landesregierungen eingetretenen wirtschaftlichen Schäden. Auf bis zu 1,5 Billionen Euro belaufen sich die staatlichen Abfederungsleistungen. »Dies zeigt einmal mehr, und das schreibt die AWW seit 1975, dass eine sich selbst überlassene private Wirtschaft zur immanenten Krisenbewältigung völlig unfähig ist.«[138]

Die öffentliche Hand muss also aufhören, ihre Kompetenzen zu schmälern und in Teilbereichen ganz an private Berater abzugeben. Sie muss stattdessen eigene, dem Gemeinwohl verpflichtete Kompetenz aufbauen bzw. zurückgewinnen.

Wie weit dieser Kompetenzabbau zum Nachteil der Bevölkerung bereits gediehen ist, zeigt sich nicht zuletzt daran, dass die (unzureichenden)

Mittel, die von der öffentlichen Hand bereitgestellt werden, vielfach nicht abgerufen werden können.

Dass im staatlichen und kommunalen, also im nicht renditefixierten Bereich helfendes Personal fehlt, hat sich im Übrigen nirgends deutlicher manifestiert als während der Corona-Krise: sowohl was die Krankenhäuser angeht als auch die Pflegeheime, und noch deutlicher in dem, was von den Gesundheitsämtern noch übrig geblieben ist. Die Lockdown-Maßnahmen mit ihren immensen materiellen und psychischen Schäden sind zu einem beträchtlichen Teil dieser unzureichenden Ausstattung und Versorgung geschuldet, von den Arbeitsbedingungen des Personals gar nicht zu reden. Eine Aufarbeitung der Versäumnisse ist dringend geboten! Leider gehen stattdessen – weitgehend unbeobachtet von der Öffentlichkeit – Klinikprivatisierungen und Klinikschließungen weiter voran. Und auch die Arbeitsbedingungen verbessern sich keineswegs.

Ausweitung der Gemeingüter und ihrer Finanzierung

Deutschland lebt weit unter seinen Verhältnissen. Gemeint ist damit nicht, dass wir uns nicht genügend Güter aneignen. Ein Blick auf die Welteinkommensverteilung zeigt, dass wir uns mit unserer »imperialen Lebensweise« (Ulrich Brand[139]) eher zu viel aneignen. Dieses Zuviel ist aber vor allem der renditegetriebenen Warenproduktion, dem Zwang seiner beständigen Ausweitung und der Beschaffung der dafür nötigen Ressourcen zu verdanken. Und dabei regiert das Recht des Stärkeren. Deutschland hat dies bis jetzt mit seiner – mal offenen, mal verhüllten – Exportüberschuss-Strategie des »Germany First« betrieben, was ich in meinem gleichnamigen Buch dargestellt habe. Die jahrzehntelange Förderung eines deutschen Exportüberschusses ging nicht nur zulasten anderer Länder, sondern insbesondere auch auf Kosten unserer Infrastruktur, primär in der Daseinsvorsorge.

›Unter seinen Verhältnissen leben‹ bedeutet hier also, dass kostbare inländische Ressourcen nicht ausreichend für die Verbesserung der Lebensbedingungen und der Umwelt eingesetzt werden, sondern um die Vormachtstellung Deutschlands auf dem Weltmarkt zu betreiben.

Der gesamte Bereich der klassischen Gemeingüter wie Bildung, vom Kindergarten bis zur Weiterbildung, Gesundheit, Pflege, Verkehrswesen bis zur Überwachung von demokratisch gesetzten Standards wie zum Beispiel der Lebensmittelkontrolle (»Gammelfleisch«, »Wilke-Wurst«) ist davon betroffen.

Finanzpolitisch dazu beigetragen hat die systematische Unterfinanzierung dieser Bereiche sowohl durch die Kreditbeschränkungen für die öffentliche Hand als auch durch eine Steuerpolitik zugunsten von Unternehmen und der Oligarchie.

Wo bleibt die Sozialpflichtigkeit des Eigentums?

Von daher muss der Satz doch weiter präzisiert werden, Deutschland lebe unter seinen Verhältnissen. Ganz Deutschland? Nein, die obersten 10 % leben weit *über* ihre Verhältnisse, während die Mehrheit weit darunter bleibt und sich den Rest teilen muss. Die bereits dargestellte Vermögensverteilung dokumentiert das eindrucksvoll.

Möglich ist das nur, weil die Sozialpflichtigkeit des Eigentums nach Artikel 14 des Grundgesetzes schlichtweg verletzt wird, und dies mit steigender Tendenz: Vermögen schafft mehr Vermögen, besonders, wenn man die Vermögensteuer dauerhaft aussetzt. Aber dieser Verfassungsverstoß des Artikels 14 wird nicht nur nicht geahndet, er wird einfach ignoriert. Eine Korrektur zu fordern, wie es beispielsweise der Abgeordnete der Linken im hessischen Landtag, Jan Schalauske, in einer Aktuellen Stunde gewagt hatte, löst regelmäßig politisch-allergische Reaktionen fast aller anderen Parteien aus: Der ›Griff in die Mottenkiste‹ ist noch eine der harmloseren Repliken.[140]

Würde man Artikel 14 des Grundgesetzes konsequent anwenden, böte er durchaus den Rahmen für die erforderliche Ausweitung der Sektoren des Gemeinwohls. Die Kommunen könnten die Lebensbedingungen ihrer Einwohner verbessern, Bund und Land könnten Bildung und Wissenschaft zur Blüte entwickeln, aber auch Gesundheit und umweltschonenden

Verkehr dem Renditekalkül entziehen. Damit könnte der kriminellen Seite der Unternehmen ein gehöriger Teil der Energiezufuhr entzogen werden.

Damit wären die Gemeingüter zwar nicht automatisch vor kriminellem Zugriff sicher, aber Transparenz und demokratische Kontrollmöglichkeiten wären doch erheblich verbessert.

Und so könnte beispielsweise endlich die scheinbar unaufhaltsame Privatisierung der Krankenhäuser gestoppt und der Grundsatz verwirklicht werden, dass ›Gesundheit keine Ware‹ sein darf, die unter Renditegesichtspunkten beurteilt und behandelt wird.

Da auch bei Ausweitung der Gemeinwirtschaft privatwirtschaftlich betriebene Unternehmen nicht nur nicht verschwinden, sondern immer noch die Mehrzahl bilden werden, kommt der Vorbeugung gegen die virulente Kriminalitätsaffinität eine entscheidende Rolle zu.

Hans-Jürgen Urban legt beispielsweise seinen Überlegungen zu einer Wirtschaftsdemokratie Eigentumsstrukturen einer »Mixed Economy« zugrunde: »Die Basis bestünde aus einer Kombination aus privatem, staatlich/öffentlichem und genossenschaftlichem Eigentum.«[141]

Die verschiedenen Vorschläge und Diskussionsansätze zur ›Wirtschaftsdemokratie‹, wie auf S. 120f angedeutet, sollten jedenfalls einer größeren gesellschaftlichen Debatte unterworfen werden, um ein machbares demokratisches Reformprojekt zur Veränderung der kapitalistischen Gesellschaften zu entwickeln.

Wie weit wir uns allerdings in den Jahren seit der Verabschiedung der **Hessischen Verfassung 1946** von deren wirtschaftsreformerischen Möglichkeiten entfernt haben, zeigt ein Blick in die entsprechenden Artikel. Aber diese als Schlussfolgerung aus Nazidiktatur und der Nazi-Kollaboration der großen Unternehmen entstandenen verfassungsrechtlichen Bestimmungen sind keine historische Reminiszenz, sondern gelten auch heute noch! Deswegen erhalten sie hier auch den ihnen zustehenden Platz.

Artikel 38

(1) Die Wirtschaft des Landes hat die Aufgabe, dem Wohle des ganzen Volkes und der Befriedigung seines Bedarfs zu dienen. Zu diesem Zweck hat das Gesetz die Maßnahmen anzuordnen, die erforderlich sind, um die Erzeugung, Herstellung und Verteilung sinnvoll zu lenken und jedermann einen gerechten Anteil an dem wirtschaftlichen Ergebnis aller Arbeit zu sichern und ihn vor Ausbeutung zu schützen.

(2) Im Rahmen der hierdurch gezogenen Grenzen ist die wirtschaftliche Betätigung frei. (...)

Artikel 39

(1) Jeder Mißbrauch der wirtschaftlichen Freiheit – insbesondere zu monopolistischer Machtzusammenballung und zu politischer Macht – ist untersagt.

(2) Vermögen, das die Gefahr solchen Mißbrauchs wirtschaftlicher Freiheit in sich birgt, ist auf Grund gesetzlicher Bestimmungen in Gemeineigentum zu überführen. Soweit die Überführung in Gemeineigentum wirtschaftlich nicht zweckmäßig ist, muß dieses Vermögen auf Grund gesetzlicher Bestimmungen unter Staatsaufsicht gestellt oder durch vom Staate bestellte Organe verwaltet werden.

(3) Ob diese Voraussetzungen vorliegen, entscheidet das Gesetz.

(4) Die Entschädigung für das in Gemeineigentum überführte Vermögen wird durch das Gesetz nach sozialen Gesichtspunkten geregelt. Bei festgestelltem Mißbrauch wirtschaftlicher Macht ist in der Regel die Entschädigung zu versagen.

Artikel 40

Gemeineigentum ist Eigentum des Volkes. Die Verfügung über dieses Eigentum und seine Verwaltung soll nach näherer gesetzlicher Bestimmung solchen Rechtsträgern zustehen, welche die Gewähr dafür bieten, daß das Eigentum ausschließlich dem Wohle des ganzen Volkes dient und Machtzusammenballungen vermieden werden.

Artikel 41

(1) Mit Inkrafttreten dieser Verfassung werden in Gemeineigentum überführt: der Bergbau (Kohlen, Kali, Erze), die Betriebe der Eisen- und Stahlerzeugung, die Betriebe der Energiewirtschaft und das an Schienen oder Oberleitungen gebundene Verkehrswesen, 2. vom Staate beaufsichtigt oder verwaltet, die Großbanken und Versicherungsunternehmen und diejenigen in Ziffer 1 genannten Betriebe, deren Sitz nicht in Hessen liegt.

(2) Das Nähere bestimmt das Gesetz.

(3) Wer Eigentümer eines danach in Gemeineigentum überführten Betriebes oder mit seiner Leitung betraut ist, hat ihn als Treuhänder des Landes bis zum Erlaß von Ausführungsgesetzen weiterzuführen.

Artikel 42

(1) Nach Maßgabe besonderer Gesetze ist der Großgrundbesitz, der nach geschichtlicher Erfahrung die Gefahr politischen Mißbrauchs oder der Begünstigung militaristischer Bestrebungen in sich birgt, im Rahmen einer Bodenreform einzuziehen.

(2) Aufgabe der Bodenreform ist vor allem, den land- und forstwirtschaftlichen Boden zu erhalten und zu vermehren und seine

Leistung zu steigern, Bauern anzusiedeln und gesunde Wohnstätten, Kleinsiedlerstellen und Kleingärten zu schaffen.

(3) Streubesitz ist durch Umlegung leistungsfähiger zu machen.

(4) Grundbesitz, den sein Eigentümer einer ordnungsmäßigen Bewirtschaftung entzieht, kann nach näherer gesetzlicher Bestimmung eingezogen werden.

(5) Für die Entschädigung des seitherigen Eigentümers gilt der Artikel 39 Abs. 4 entsprechend.

(...)

Artikel 45

(1) Das Privateigentum wird gewährleistet. Sein Inhalt und seine Begrenzung ergeben sich aus den Gesetzen. Jeder ist berechtigt, auf Grund der Gesetze Eigentum zu erwerben und darüber zu verfügen.

(2) Das Privateigentum verpflichtet gegenüber der Gemeinschaft. Sein Gebrauch darf dem Gemeinwohl nicht zuwiderlaufen. (...)

Verfassung des Landes Hessen vom 1. Dezember 1946.
http://www.verfassungen.de/he/verf46-i.htm

›Neustart‹ nach Corona-Lockdown? Vorsicht: der falsche Begriff!

Die Vorstellung eines ›Neustarts‹ zu oder nach ›Corona-Zeiten‹ ist eine der großen Hoffnungen, aber leider auch eine der größten Illusionen, die derzeit von den unterschiedlichsten Seiten verbreitet werden, teilweise auch mit guten Absichten. Der Begriff ist deshalb so wirkmächtig, weil der Wunsch nach Überwindung der Lockdown-Maßnahmen und der Krise riesengroß ist. Die scheinbare Einigkeit, dass nach diesen Corona-Maßnahmen ›alles anders‹ werden müsse, ist sehr weit verbreitet und umfasst fast sämtliche politischen Lager.

Aber: Ein ›Neustart‹ ist zunächst bloß ein Zauberwort, ein Euphemismus, ein positiv überhöhter Begriff, der gleich zwei positiv konnotierte Wörter zusammenschließt und der allen IT-BenutzerInnen nach Zusammenbrüchen des Systems als Lösung geläufig ist.

Die ersten, die den Begriff besetzt haben, waren Klaus Schwab, der Initiator des World Economic Forum in Davos und sein Mitarbeiter Thierry Malleret (siehe auch die Ausführungen auf S. 161).

Auch aus zwei anderen Gründen eignet sich der Begriff ›Neustart‹ nicht für ein Reformprojekt zur Überwindung einer potentiell kriminellen Ökonomie.

Der erste besteht darin, dass nicht *dasselbe System* nur neu gestartet werden muss. Insofern haben Schwab und Malleret hier vermutlich ein Eigentor geschossen, denn ihnen geht es *tatsächlich* um den Erhalt des globalisierten Kapitalismus (in leicht veränderter Form), was man aber gerne verbrämen möchte.

Der zweite Grund besteht darin, dass wir nicht so tun sollten, als würden wir einfach ›bei Null‹ anfangen können.

Tatsächlich hat zwar die Corona-Krise alle möglichen Mängel des Systems offengelegt, aber das System hat sich dadurch nicht im Grundsatz geändert. Nirgends konnte man das so deutlich und drastisch erfahren wie an den 20 Kliniken, die trotz der Beschwörung des Kliniknotstandes durch Corona im Jahr 2020 in Deutschland geschlossen worden sind – und zwar gemäß einer u.a. von Bertelsmann herausgegebenen politischen *Strategie*. Das heißt, selbst Katastrophen bringen Alternativen nicht automatisch hervor![142]

Doppelstandards und Demokratie

Die Doppelmoral, die Doppelstandards (quod licet Jovi, non licet Bovi), zweierlei Recht – all das zeigt sich übrigens auch in den aktuellen Corona-Maßnahmen der Bundesregierung: Es wird zwar in einem nie dagewesenen Ausmaß die persönliche Bewegungsfreiheit beschränkt, aber nur im privaten Bereich und bei kleineren Firmen und Selbständigen, nicht im Einflussbereich des größeren Kapitals und seiner Unternehmen. Dessen Rechtsverhältnis wird nicht angetastet. Auf der Titelseite der Frankfurter Rundschau vom 12.1.2021 liest sich dies so: »Die Politik **fleht**, Firmen sollten möglichst viele Leute zu Hause arbeiten lassen. Doch Betriebe scheuen die Kosten für die angemessene Ausstattung…«.

Solange diese Doppelstandards, diese Doppelmoral nicht wirklich thematisiert wird, wird sich wenig verändern. Es ist fatal, wenn die Machtstruktur und die Verwertungslogik des Kapitals als alternativlos hingestellt sowie per Propaganda von der Bevölkerung im Großen und Ganzen geteilt und gebilligt werden.

Hier handelt es sich immerhin um ein zentrales Problem unserer Demokratie bzw. unserer demokratischen Verfasstheit. Wenn WählerInnen gar keine Vorstellung davon haben, was es an Alternativen zu dem gibt, was ihnen die Parteien vorsetzen, gibt es eine scheinbare Kongruenz zwischen Gewählten und Wählern, die sich dann auch im Wahlergebnis wiederfinden und die scheinbare Kongruenz perpetuieren.

Die AutorInnen des Buches Die Ökonomie des Alltagslebens: Für eine neue Infrastrukturpolitik erörtern dieses Problem ebenfalls.[143]

Man müsse sich der Tatsache stellen, »dass mit Rechten ausgestattete Bürger nicht immer, oder zumindest nicht regelmäßig, dafür stimmen, die Rechte in ihrem Territorialstaat progressiv *auszuweiten*.«

So weisen die genannten AutorInnen darauf hin, dass sich im Jahr 2017 in britischen Meinungsumfragen mehr als drei Viertel der TeilnehmerInnen dafür ausgesprochen haben, dass vier grundlegende Versorgungssektoren (Gas, Wasser, Strom und Bahn) von der öffentlichen Hand betrieben werden sollen, und dass die Unterstützung für eine erneute Verstaatlichung dieser Sektoren in allen Altersgruppen gleich hoch war. Dennoch wurden Parteien gewählt, die diese Ziele nicht nur nicht umsetzten, sondern konterkarierten. Und weiter:

> »Überall in Europa sprechen sich Politiker von Mitte-rechts-Parteien und populistischen Bewegungen für Steuersenkungen aus, während sie ihre Wählerbasis mit begrenzten und irreführenden Wohlfahrtsversprechen umwerben…«[144]

Deshalb müsse ›das konstitutionelle Schweigen‹ gebrochen werden. Und es müsse öffentlich über die Wirtschaftsverfassung diskutiert werden. Gegenstand einer solchen Erörterung müssten Fragen nach einer Verfassung sein: »Wo liegen die Grenzen der öffentlichen Zuständigkeit? Und nach welchen Regeln müssen sich Körperschaften in der öffentlichen Sphäre unterwerfen?«[145]

Kurz erinnert sei daran, dass in der hessischen Volksabstimmung 2002 eine Mehrheit dafür gestimmt hat, die Wahlperiode des hessischen Landtags von vier auf fünf Jahre zu verlängern, was die Korrektur einer Wahlentscheidung erschwert.

Parteien, die die Rechte der Mehrheit der Bürger einschränken, müssen dennoch nicht fürchten, abgewählt zu werden, wenn es ihnen gelingt, ihr Verhalten als *alternativlos* darzustellen.

Das Wissen um Alternativen, die Einschätzung verschiedener Wege und ihrer Vor- und Nachteile, die Abwägung von Risiken erfordern aber die Möglichkeiten, sich mit ihnen ausreichend zu befassen. Damit ist es schlecht bestellt.

Wenn man aus diesem Dilemma herauskommen will, müssen die Grundlagen für alternative Auseinandersetzungen geschaffen werden, und zwar auf allen Ebenen und in allen gesellschaftlichen Sektoren. Das erfordert Zeit, Transparenz, Kritikfähigkeit und -bereitschaft. Und da nicht alle Menschen zu jeder Zeit dazu bereit oder in der Lage sind, ist ein entsprechendes kritisches Potential nötig, das in Teilen stellvertretend diese Auseinandersetzung führt. Urban formuliert es so:

> »Ein solches Narrativ muss in einem kollektiven Diskurs- und Lernprozess erarbeitet werden, an dem sich unterschiedliche Akteure zu beteiligen hätten. Wenn es gut geht, könnte aus diesen Diskursen ein heterogenes, gleichwohl handlungsfähiges Subjekt hervorgehen. Ein solcher Akteur kann als ›Mosaik-Linke‹ charakterisiert werden. Gewerkschaften wären in dieser Linken unverzichtbar, als konzeptionelle Ideengeber*innen ebenso wie als politische Treiber*innen.«[146]

Inhaltlich gelte es,

> »gleich zwei Sackgassen analytisch zu überwinden. Zum einen die des Gegenwartskapitalismus, der sich immer offensichtlicher als unfähig erweist, die gesellschaftlichen und ökologischen Probleme der Zeit in den Griff zu bekommen. Aber auch die historische Bilanz der diversen Sozialismusversuche fällt mehr als ernüchternd aus. (…) Und an einer analytischen Durchdringung und

> normativen Bewältigung der Altlasten gescheiterter Modellversuche führt kein Weg vorbei, sollen Perspektiven jenseits des Kapitalismus wieder die notwendige utopische Kraft entfalten.«[147]

Die bereits dargestellten Überlegungen zur Notwendigkeit der Demokratisierung von Unternehmen und Wirtschaftspolitik liefern ein gedankliches Fundament. Schwieriger wird es, Details und Schritte dahin zu entwerfen. Eine Herausforderung dabei ist der ›kollektive Diskurs- und Lernprozess‹, der auch noch die Erfahrungen ›diverser Sozialismusversuche‹ verarbeiten soll. Also fast eine Herkulesaufgabe! Aber sie könnte damit belohnt werden, dass es eben nicht Katastrophen sind, welche die dringend notwendigen Korrekturen einleiten.

8. Brauchen wir Katastrophen, damit sich etwas zum Positiven ändert?

Nina Treu und Kai Kuhnhenn vom *Konzeptwerk Neue Ökonomie* stellen fest: »Leider erscheint es einfacher, sich das Ende der Welt vorzustellen als das Ende des Kapitalismus.«[148]

In dieser Äußerung steckt meines Erachtens ebenso viel Realismus wie Resignation – auch wenn sie wohl beabsichtigen, Menschen aufzurütteln, also eben *nicht* resigniert aufzugeben.

Wenn man sich einige unserer größeren Katastrophen der letzten 100 Jahre ansieht und die Schlussfolgerungen aus leidvoller Erfahrung, dann kann man durchaus zu dem Ergebnis kommen, dass es erst der Katastrophen bedarf, bevor Alternativen überhaupt ins Auge gefasst werden. Kursorisch angetippt seien hier die Folgenden:

Rückblende: Fukushima – Tschernobyl – Harrisburg

Fukushima

Am 11.3.2011 ereignete sich in Japan infolge eines Erdbebens und nachfolgenden Tsunamis im Kernkraftwerk Fukushima ein großer Reaktorunfall mit extremer radioaktiver Verseuchung. Weil dieser Unfall lange Zeit nicht beherrschbar war (und bis heute nicht wirklich beherrscht wird), spielten die Bilder in den Medien über einen größeren Zeitraum eine große Rolle und beeinflussten besonders die Landtagswahlen in Baden-Württemberg am 27.3.2011.

Ein halbes Jahr davor, am 28.10.2010 war im Bundestag auf Initiative der CDU das Gesetz zur Verlängerung der Laufzeit der 17 Kernreaktoren in Deutschland um durchschnittlich 12 Jahre beschlossen worden.

Die CDU hatte also durch den Fukushima-Unfall schlechte Karten. Hektisch setzte Bundeskanzlerin Merkel bereits am 14.3.2011 die Laufzeitverlängerung deutscher Kernkraftwerke befristet aus. Einen Tag später teilte sie mit, dass die sieben ältesten deutschen Kernkraftwerke abgeschaltet werden sollen.

Geholfen hat es der CDU in Baden-Württemberg nicht mehr. Es wird von manchen ins Feld geführt, dass das Umschwenken von Bundeskanzlerin Merkel, CDU, von einem Pro-AKW-Kurs noch 2010 auf einen Ausstiegskurs nach der Katastrophe von Fukushima 2011 doch ein Beweis für den Sieg rationaler Argumente sei.

Der Wahrheit näher kommt aber wohl die folgende Begründung: Der Schock über Fukushima im März 2011, dem sich die Medien nicht entziehen konnten und wohl auch nicht wollten, hat zu einer immensen Bewegung in der Bevölkerung zugunsten der Grünen geführt und die Machtoption für Bundeskanzlerin Merkel im Kern bedroht. Das hat sich sehr schnell bei der Landtagswahl am 27. März 2011 in Baden-Württemberg gezeigt, wo die CDU von 1953 bis 2011, also über 58 Jahre (!) ununterbrochen den Ministerpräsidenten stellte und im Mai 2011 von dem ersten grünen Ministerpräsidenten in die Opposition geschickt wurde.

Merkel wollte sich mit einem taktischen Schwenk, einem taktischen zeitlichen Zugeständnis an Wähler auf einem ohnehin auslaufenden Energiepfad die Möglichkeit bewahren, weiter ihre bisherige Politik für die großen Unternehmen fortsetzen zu können.[149]

Tschernobyl

25 Jahre vor Fukushima, am **26.4.1986** explodierte das russische Atomkraftwerk Tschernobyl. 150.000 km² in Weißrussland, der Ukraine und Russland wurden radioaktiv verseucht, ein Gebiet mit fünf Millionen Menschen. Wegen der Wetterbedingungen wurden weitere 45.000 km² in ganz Europa durch Radioaktivität belastet.

Politisch führte es neben anderen Faktoren dazu, dass in der Bundestagswahl im März 1987 die CDU unter Helmut Kohl ihr schlechtestes Ergebnis von 44,3 % erreichte und die Grünen ihr Ergebnis auf 8,6 % steigern konnten. Dennoch reichte es zu einer Neuauflage der CDU/CSU/FDP-Koalition.

Am 3.6.1986 wird aber dann als Zugeständnis gegen die wachsende Aversion gegen die Atomenergie ein Bundesumweltministerium geschaffen, was die Regierung jedoch nicht daran hindert, am 7.10.1986 das AKW Brokdorf in Betrieb zu nehmen.

Harrisburg

Wiederum 8 Jahre vor Tschernobyl, am **28.3.1979** ereignete sich im Atomkraftwerk Three Mile Island bei Harrisburg im US-Bundesstaat Pennsylvania ein schwerer Atomunfall. Weil über 5 Tage lang nicht klar war, was der Fehler war, hielt sich dieser Unfall entsprechend lang in den Medien. Schon damals kam die Versicherung der Beherrschbarkeit und der statistischen Wahrscheinlichkeit, wonach es höchstens alle 10.000 Jahre zu einem schweren Unfall kommen könne, stark ins Wanken.

Dazu trug damals auch ein zufällig gerade angelaufener Spielfilm »Das China-Syndrom« mit Jane Fonda bei, die seinerzeit nicht nur eine attraktive US-Schauspielerin, sondern auch eine Umweltaktivistin war.

In Deutschland kam es gegen die geplante Wiederaufbereitungsanlage Gorleben fast zeitgleich mit dem genannten Film am 31.3.1979 in Hannover zu der bis dahin größten deutschen Anti-AKW-Demonstration mit 100.000 TeilnehmerInnen. Ich habe selbst miterlebt, wie eine nicht enden wollende Menge an Menschen, Traktoren, Protestlastwagen örtlicher Firmen etc. sich noch zum Kundgebungsplatz bewegten, als die Kundgebung sich schon dem Ende zuneigte.

Der niedersächsische Ministerpräsident verkündete dann einige Wochen nach den Protestaktionen, dass die Wiederaufbereitungsanlage im Wendland *politisch nicht durchsetzbar* sei.

Faschismus, zweiter Weltkrieg und *Ahlener Programm* der CDU

Gehen wir weiter zurück in der Geschichte, stoßen wir auf eine (leider späte) Reaktion der CDU auf den Hitler-Faschismus in Gestalt des *Ahlener Programms* vom 3.2.1947.

In 12 Jahren wurde das jüdische Leben in Deutschland und vielen anderen europäischen Ländern nahezu ausgelöscht; zudem kamen im Zweiten Weltkrieg bis zu 56 Millionen Menschen an direkten Kriegseinwirkungen und bis zu 80 Millionen Menschen an den Folgen ums Leben.

Solches Leid war anscheinend erst notwendig, um den Zusammenhang von Faschismus mit der kapitalistischen Wirtschaftsordnung auch in der Mehrheitsgesellschaft zu konstatieren.

Folgerichtig hielten die sich nach dem 2. Weltkrieg in der CDU versammelnden konservativen Kräfte in ihrem *Ahlener Programm* vom 3.2.1947 in der Einleitung fest:

> »*Das kapitalistische Wirtschaftssystem ist den staatlichen und sozialen Lebensinteressen des deutschen Volkes nicht gerecht geworden.* Nach dem furchtbaren politischen, wirtschaftlichen und sozialen Zusammenbruch als Folge einer verbrecherischen Machtpolitik kann nur eine Neuordnung von Grund aus erfolgen. Inhalt und Ziel dieser sozialen und wirtschaftlichen Neuordnung kann nicht mehr das kapitalistische Gewinn- und Machtstreben, sondern nur das Wohlergehen unseres Volkes sein. Durch eine gemeinwirtschaftliche Ordnung soll das deutsche Volk eine Wirtschafts- und Sozialverfassung erhalten, die dem Recht und der Würde des Menschen entspricht, dem geistigen und materiellen Aufbau unseres Volkes dient und den inneren und äußeren Frieden sichert.«

Niedergeschlagen hat sich diese Einsicht und dieses Programm in der Verfassung (insbesondere der hessischen, wie gezeigt). Aber auch die Wirtschafts- und Gesellschaftspolitik zog immer wieder Konsequenzen aus den gewonnenen Erkenntnissen. Allerdings wurde das *Ahlener Programm* schon zwei Jahre später von den *Düsseldorfer Leitsätzen* abgelöst und in folgenden Programmen dann endgültig beerdigt.[150]

Weitere Katastrophen und daraus gezogene politische Schlussfolgerungen

Um das Thema nicht uferlos auszuweiten, können weitere Ereignisse nur angedeutet werden. Im Gegensatz zur heutigen Ablösung von Donald Trump durch Joe Biden hatte Franklin D. Roosevelt mit seinem *New Deal* ein Programm der etwas anderen Art parat, um die vom Börsencrash im Oktober 1929, von Bankenzusammenbrüchen, Firmenpleiten, Massenarbeitslosigkeit und Zwangsräumungen gezeichnete Bevölkerungsmehrheit auf einen alternativen Pfad zu führen. Die Begründung eines Sozialstaats, Verbot von Kinderarbeit, Mindestlöhne, die Einführung einer Körperschaftsteuer u.ä.m. lesen sich heute fast revolutionär, diese Wirtschafts- und Sozialreformen waren aber Reaktionen auf eine Notlage (die Weltwirtschaftskrise).

Wer noch weiter zurückgehen möchte, kann die russische Oktoberrevolution anführen…

Selbstvernichtung scheibchenweise? Kriege und Rüstung als profitable Kapitalverwertung

Ich habe bei der Analyse der systemisch-kriminellen Seite kapitalistischen Wirtschaftens die Rüstung bisher nicht besonders hervorgehoben, obwohl viele Linke dies in ihren politischen Aktivitäten bevorzugt tun – und nicht zu Unrecht!

Am Ende komme ich aber nicht mehr darum herum, auf Kriege und Rüstung einzugehen, weil sie ›spezielle Waren‹ sind, die für den Zyklus der Kapitalverwertung besonders günstig sind.

Je mehr der Rüstungswettlauf angekurbelt werden kann, desto schneller veralten Waffen und müssen ›modernisiert‹ werden.

Die Älteren erinnern sich sicher noch an den US-Schauspieler auf dem Präsidentenstuhl Ronald Reagan in den 80er Jahren. Mit Hilfe seiner *Strategic Defense Initiative*, auch *Star-Wars-Programm* genannt, einem Abwehrschirm im Weltraum gegen Interkontinentalraketen, wollte er die Sowjetunion nicht nur militärisch, sondern vor allem ökonomisch in die Knie zwingen. Das Kalkül war, sie zu einem Rüstungswettlauf zu zwingen, der erhebliche nationale Ressourcen dem gesellschaftlichen Wohlstand der Bevölkerung entzog.

Mit Waffen – und das ist die zweite Funktion – geht die Absicherung von Einflusszonen einher, d.h. die militärische und kriegerische Absicherung von ökonomischen Einflusssphären und die Ausschaltung von KonkurrentInnen und GegnerInnen.

Der dritte Vorteil für das waffenproduzierende Kapital besteht darin, dass die fortlaufende Produktion und Erneuerung von Waffen sich psychologisch sehr gut rechtfertigen lassen, indem man der Bevölkerung dadurch ›mehr Sicherheit‹ oder überhaupt Sicherheit verspricht. Davon kann man bekanntlich nie genug haben. Feinde, Konkurrenten und Bedrohungen gibt es immer. Und Feindbilder lassen sich relativ leicht erzeugen, auch dauerhaft.

Die bitter bezahlten Nachteile für die Gesellschaft liegen auf der Hand: Daniela Dahn zitiert die Geschäftsführerin von ICAN, einem Bündnis von 570 Partnerorganisationen aus 100 Ländern. Es sei absurd 138.699 US-Dollar für Waffen pro Minute auszugeben, die katastrophales menschliches Leid verursachen, anstatt diese Summen in die Gesundheit der BürgerInnen zu investieren.[151]

Seit 2014 hat die Bundesregierung den deutschen Militäretat um 44 % erhöht. In 2021 wird die Bundeswehr und werden ihre weltweiten Einsätze mit über 50 Milliarden Euro bedient.

Und wenn man das von den USA geforderte »Zwei-Prozent-des-Bruttoinlandsprodukts«-Ziel umsetzen würde, wie es die Mehrheitsparteien vorhaben, müsste man noch einmal 30 Milliarden Euro draufschlagen.

In Deutschland machte man die Bevölkerung gern glauben, dass Waffen nur produziert werden, um ›abzuschrecken‹, aber nicht, um wirklich eingesetzt zu werden. Jedenfalls galt das für die atomaren Waffen.

In Wirklichkeit werden unsere Waffen, made in Germany, in Kriegen wie in Bürgerkriegen, in Kriegen zum Regime-Change und zur Unterdrückung von Aufständen eingesetzt. Der Kriegseintritt auf dem Balkan und später in Afghanistan hat die Sensibilität der Bevölkerung für die Gefahren der Waffenproduktion aber erhöht.

Ähnliches gilt für Atomwaffen. Die USA, deren Atomwaffen auch in Deutschland gelagert sind, haben bekanntermaßen als bisher einziges Land nicht gezögert, gleich zwei Bomben gegen Japan einzusetzen und damit zwei Städte auszulöschen und zu verseuchen.

Die USA haben im Übrigen auch die Bundesregierung davon abgehalten, dem jüngst am 22. Januar 2021 in Kraft getretenen Atomwaffenverbotsvertrag der UNO beizutreten, der von 122 der 193 UN-Staaten unterzeichnet wurde. »Hierzulande glauben zu viele an die Abschreckungsdoktrin aus dem Kalten Krieg, wonach nur Atomwaffen vor einem möglichen Angriff mit Atomwaffen schützen. Im Falle eines Falles wird ein Land mit Atomwaffen aber zum Ziel eines Erstschlags. Und diese Gefahr ist nach Ansicht vieler größer als die meisten annehmen«, schreibt Andreas Schwarzkopf in einem Kommentar in der Frankfurter Rundschau[152]. Und weiter: »Aber auch wenn die Bundesregierung dem Abkommen nicht beitritt, wird es weiter wirken. Es erinnert alle daran, wie zerstörerisch Atombomben sind. In Hiroshima und Nagasaki verglühten am Ende des Zweiten Weltkriegs nicht nur binnen Sekunden zigtausende Menschen. Die Überlebenden leiden bis heute unter der radioaktiven Strahlung. Nukleare Sprengköpfe bleiben also mindestens potentiell gefährlich, auch wenn die Atomstaaten wie USA, Russland, China, Frankreich und Großbritannien sie angeblich sicher verstaut haben.[153]

Nach Schätzungen der *Internationalen Ärzte für die Verhütung des Atomkriegs, IPPNW* sind zwischen 1945 und 1980 etwa 2,4 Millionen Menschen allein infolge von oberirdisch durchgeführten Atomwaffentests gestorben.

Und trotzdem wurde eine Ächtung dieser Waffen von Deutschland und den NATO-Staaten nicht unterschrieben! Soviel zum Thema internationale Zusammenarbeit und zum Thema Frieden.

Unser kapitalistisches Wirtschaftssystem ist dort, wo es darauf ankommt, ›von Natur aus‹ nicht friedlich!

Und tatsächlich ist unser Wirtschaftssystem auch nicht so liberal strukturiert, wie es selbst gern den Anschein erwecken möchte.

Mit jedem Jahr zunehmend ist es in den Kategorien von Kampf, Krieg und Vernichtung adäquater zu fassen. *Wirtschafts*kriege feiern Auferstehung, Kontinentalsperren und Warenboykotte werden aus der Napoleonischen Mottenkiste geholt.

Viviane Forrester hat vom »Terror der Ökonomie« gesprochen, Naomi Klein von der »Schockstrategie«, Warren Buffett von »financial weapons of mass destruction« (finanziellen Massenvernichtungsmitteln) als Bezeichnung für Derivate.[154] Die Liste der Veröffentlichungen, die Kapitalismus mit kriegerischen Auseinandersetzungen assoziieren, ist lang.

Gefährlich wird es immer dann, wenn die Verbindung zwischen Ökonomie und Militär enger wird, denn dann wird es auch eng für den Frieden, und nebenbei auch eng für die Umwelt.

Wenn Jahrestage Gradmesser sind, dann war der 75. Jahrestag zur Befreiung von Faschismus und Krieg ein solcher: Just an einem solchen Datum mit dem NATO-Manöver *Defender-Europe 20* Russland militärisch einzuschüchtern, das am meisten unter dem von Deutschland ausgehenden zweiten Weltkrieg litt, hat auch eine symbolische Bedeutung.

Die Opfer von kriegerischen Auseinandersetzungen sind alle. Aber besonders die Kinder haben es am wenigsten verdient.

Und eigentlich ist das auch der Antrieb für dieses Buch. Eine Ökonomie mit einer eingeschriebenen kriminellen Affinität kann einem Humanismus nun einmal nicht die Hand reichen.

Der Satz von Nina Treu und Kai Kuhnhenn, wonach es leider einfacher erscheint, sich das Ende der Welt vorzustellen als das Ende des Kapitalismus, darf also nicht ›das letzte Wort‹ sein! Und das muss es auch nicht.

Es wäre nicht nur äußerst traurig, wenn die Menschheit *nur* durch Katastrophen dazulernen könnte. Es ist vor allem auch gar nicht nötig. Denn tatsächlich nehmen die Vorschläge der unzähligen gesellschaftlichen Gruppen mit kritischem Ansatz beständig zu. Und Umrisse von Alternativen sind – wie angedeutet – schon längst erkennbar und realisierbar!

Dazu muss man aber auch die Wirtschaft demokratisieren und die Macht der großen Unternehmen kontrollieren.

Nachwort

Die Welt ist gewaltig aus den Fugen geraten, diesmal auch in den westlichen kapitalistischen Demokratien. Weltweit sind schon lange nicht mehr so viele Existenzen bedroht und Menschen voller Verzweiflung, wenn man einmal von den Ländern mit Krieg und Vertreibung absieht.

Bis eben noch stand eine auf gnadenloser Konkurrenz und profitgeiler Rendite gegründete Ökonomie im Scheinwerferlicht der kritischen Öffentlichkeit, nicht zuletzt wegen des Gifts, mit dem das Wachstumsparadigma die ökologische Umsteuerung lähmt.

Dass Umweltschädigung kein Kavaliersdelikt mehr ist, sondern eine höchst schädliche, bisweilen kriminelle Handlung, und dies auch dort, wo sie formal (noch) nicht verboten ist, wird immer mehr zur allgemeinen Erkenntnis.

Auch die zunehmend wahrgenommene kriminelle Seite dieser Ökonomie, von Fleischskandalen über Plastikvermüllung der Meere, Steuerstraften bis hin zu fiskalischen Räuberhöhlen, Abgas- und Wirecard-Betrügereien im Stil der organisierten Kriminalität, legt die Frage nahe, ob dies alles bloß ›Skandale‹ sind oder vielmehr das andere, verbrecherische Gesicht des kapitalistischen Wirtschaftens.

Da überraschte ein Virus die Welt. In dessen Schlepptau wurden diese TOP-Themen durch ein scheinbar völlig neutrales und neues Thema ersetzt: die Gesundheit. Eine Pandemie kam recht überraschend auf eine Weltgesellschaft zugerast und die bisherigen Themen waren durch ›AHA-Regeln‹ und ›Gesichtsmasken‹ sowie eine entsprechende mediale Begleitmusik nachhaltig verdrängt.

Es dauerte eine Weile, bis offensichtlich wurde, dass die Pandemie in vielen Ländern auf ein neoliberal verordnetes, total ausgedünntes Gesundheits- und Pflegewesen, in Deutschland auf Gesundheitsämter im Karteikartenformat und auf digital und hygienemäßig unterentwickelte Schulen traf. Öffentliche Vorsorgepläne sind das Papier nicht wert, wie ein parlamentarisches ›Grünbuch‹ von Bundestagsabgeordneten quer durchs Parteienspektrum enthüllt.

Im März 2020 fehlt es an vielem, was der Staat zu bieten hätte haben müssen. Genau hier erscheint ein Retter in der Not, der *Privatsektor* blüht in Teilen auf: von Masken über Desinfektionsmaterial, Nachverfolgungs-Apps bis hin zu Spritzen und schließlich Impfstoffen wächst der Markt.

Ein scheinbar hilf- und kopfloser Staat auf der einen Seite und hilfsbereite, versierte Privatunternehmen als Retter auf der anderen Seite. Und dazwischen die kleinen Geschäftemacher aus den Reihen der VolksvertreterInnen, die an der Not auch noch verdienen wollten, wie sie es gewohnt waren. Hierzu hat die ehemalige Gesamtpersonalratsvorsitzende beim Staatlichen Schulamt in Frankfurt am Main einen treffenden und knappen Leserbrief geschrieben, der auch in der Frankfurter Rundschau erschien:

> »Bei allem Ärger über die Korruption der Abgeordneten sollte man eines nicht vergessen: die Unternehmen, die die Provisionen rübergeschoben haben, haben ein Mehrfaches am Verkauf medizinischer Produkte verdient! Warum werden deren Namen nicht bekannt gemacht?
> Die Menschen sind demokratie-müde, weil sie sich von den gewählten Vertretern betrogen fühlen. Ich aber bin auch kapitalismus-müde, denn die Geschäftemacher, die sich skrupellos am Steuergeld bedienen, kennen keine Grenzen für ihre persönliche Bereicherung.
> Wir sollten durch das Verschweigen dieses Sachverhalts nicht zur weiteren Verschleierung der wahren Vermögens- und damit auch Machtverhältnisse beitragen.«[155]

Das Bild vom Staat, der es nicht kann, und den privaten Konzernen, ihren Stiftungen und Think-Tanks als Helfer in der Not prägt zunehmend die politische Landschaft. Verstärkt wird dieses Bild durch die Botschaft des Weltwirtschaftsforums in Davos, wo sich normalerweise die Weltspitze der Regierungen mit der Konzern-Elite sehen lässt, dass der Kapitalismus einen *Großen Reset,* einen starken Neustart hinlegen sollte. Und zu diesem Neustart gehört die nicht ganz neue Teilung der Macht zwischen privaten Konzernen und den jeweiligen nationalen Regierungen, diesmal (noch) mehr zugunsten der privaten Unternehmen austariert. *Global Governance* heißt die *öffentlich-private Partnerschaft* beim Regieren. Nicht die BürgerInnen und Bürger sind wichtig, sondern ›die ExpertInnen‹.

Warum lassen wir uns die Themen so leicht wegnehmen? Denn verschwunden sind weder die ungerechte Einkommens- und Vermögensverteilung, die konsequente Vernachlässigung der öffentlichen Güter, der um sich greifende Privatisierungstrend oder die ökologischen Probleme noch die zunehmend kriminelle Seite des Wirtschaftssystems und damit letztlich die Bedrohung von Rechtsstaat und Demokratie.

Ich bleibe dabei: Wenn wir die Systemfragen nicht stellen, kommen wir weder in der Demokratie- und in der Rechtsstaatsfrage noch beim Klimaschutz und der Rettung des Planeten auch nur einen Zentimeter weiter. Wir verheddern uns zusehends in Widersprüchen, wo Lösungen doch eigentlich auf dem Tisch liegen:

- Die ungeheure Vermögens- und Machtkonzentration durch die vorgeschlagenen Steuer- und Entflechtungsmaßnahmen zu begradigen,
- die ›halbierte Demokratie‹ durch entsprechende Mitbestimmungsstrukturen zu vervollständigen,
- das Gemeinwohl vor die renditegetriebene Kapitalverwertung zu stellen,
- die damit verbundene ›inhärente‹, quasi in die DNA eingeschriebene Kriminalitätsneigung zu überwinden,
- gleichzeitig auch die Kapitalumschlagsgeschwindigkeit zu reduzieren, die gemeinhin ›Wachstumsspirale‹ genannt wird.
- Damit würde ein für die Umweltschädigung maßgeblicher Treiber entschärft, wobei gleichzeitig auch die Umweltschäden vernachlässigende Wachstumskennziffer Bruttoinlandsprodukt durch eine Alternative zu ersetzen wäre.

Wenn wir also nicht weiter von einem Extrem ins andere taumeln wollen, müssen viel radikalere Konsequenzen aus vergangenen Krisen gezogen werden als bisher:

Der Spekulationskrise von 2008/2009 mit einer geplatzten Finanzblase, deren Ursache in dem Anlagedruck des konzentrierten Privatkapitals lag, folgten nicht nur in Deutschland Verschuldungsverbote per Gesetz – aber nicht für das private Kapital, sondern für den Staat, das Gemeinwesen! Dass sie als Rutschbahn in die Privatisierung dienten, war der Durchschnittsbevölkerung kaum klarzumachen. Es galt die ›schwäbische Hausfrau‹, die nicht mehr Geld ausgeben kann, als sie im Geldbeutel hat.

Von heute auf morgen ist die ›schwäbische Hausfrau‹ der ›Bazooka‹ des Bundesfinanzministers Olaf Scholz gewichen, einem Panzerabwehrgerät, mit dem sich unendliche Kredite verschießen lassen. Die Verschuldungsgrenzen haben sich scheinbar in Luft aufgelöst – scheinbar. Denn die Verteilungsfragen und die Frage, wer am Ende die Rechnungen bezahlt, sind bislang verdrängt, aber keineswegs gelöst. Denn die Verteilungsfrage ist auch in Deutschland höchst umkämpftes Gelände.

Solche Widersprüche der Wirtschaftsordnung erleben wir auf allen Gebieten – jedenfalls dann, wenn wir hinter die Kulissen schauen:

Bildung in der Corona-Krise offenbart so ziemlich alle Mängel und Schwächen eines unterfinanzierten öffentlichen Sektors. Darüber sind sich die ExpertInnen einig, ohne dass deshalb tragfähige Lösungen in Sicht wären. Selbst der gesellschaftliche ›state-of-the-art‹ in Bezug auf die IT-Ausstattung von Schulen ist den KultusministerInnen zu teuer. Die Scheinheiligkeit aber bleibt: Universelle Werte wie gleiche Bildung für alle oder inklusive Bildung mit Sprüchen wie ›nobody left behind‹ stoßen auf verstärktes Konkurrenzverhalten und eine Flucht in Privatschulen. Rette sich, wer kann.

Privatisierung ist die vorherrschende Marschrichtung auch im Gesundheits- und Pflegesektor. Die Privatkliniken haben längst die öffentlichen zahlenmäßig überholt. Man warnt vor dem Engpass an Krankenhäusern und schließt sie gleichzeitig unverdrossen. Während die Zahl der Intensivbetten als Messziffer für drastische Lockdown-Maßnahmen herangezogen wird, geht der Abbau von Betten und die Schließung von Krankenhäusern stur weiter; allein im Pandemiejahr 2020 sind 20 Krankenhäuser geschlossen worden, noch mehr sind insolvent. Es begegnet uns auch hier eine *systemische* Ausrichtung: Gefördert werden Großkrankenhäuser vorzugsweise in privater Hand, mit denen ordentlich Geld verdient werden kann. In Hessen wurde sogar eine Universitätsklinik, die erst recht in öffentliche Hände gehört, privatisiert und schon zweimal verkauft.

Privatisierung heißt Unterwerfung öffentlicher Güter unter das Profitregime und den ökonomischen Wettbewerb. Es ist deshalb durchaus kein Zufall, dass auch hier Bertelsmann als Konzern und Stiftung den Ton angibt.

Im Verkehr als wesentlichem Sektor für den ökologischen Umbau erleben wir gegenwärtig das Desaster für den öffentlichen Nah- und Fernverkehr: Aus Angst vor der Pandemie wird verstärkt das Auto genutzt. Und für die E-Mobilität möchte Bill Gates gerne neue ›saubere‹ Atomkraftwerke entwickeln.[156] Sollen etwa neue AKWs die Welt retten?

Mehr von derselben Medizin, die schon bisher die ökonomischen und ökologischen Krankheiten eher gefördert statt verhindert hat? Ein Wirtschaftssystem, das nicht auf Kooperation setzt, sondern auf Konkurrenz und Eigennutz und das das Individuum in den Mittelpunkt stellt und nicht die Gemeinschaft?

Hier stellen sich neben anderen Fragen auch noch die nach der Systemrelevanz von *social media* wie Twitter u.ä., die von der Anonymität und der ungeheuren Komplexitätsreduzierung auf einen Zwitschersatz leben.

Vor allem aber stellt sich die Frage, wie lange die Welt noch zuschauen will, wenn sich IT-Konzerne die Welt so basteln, wie gut vernetzte Multimilliardäre als ›Influencer‹ (hier passt der Begriff nun wirklich) sich die Welt so vorstellen.

Die Demokratiefrage erfährt immer dann, wenn rechtsextreme Parteien gewählt werden, eine gewisse Aktualität. Aber die kriminelle Seite unserer Ökonomie, wie sie eben wieder mit den PANDORA PAPERS enthüllt wird, bekommt immer nur kurzzeitige Aufmerksamkeit und wird medial auch lieber unter ›Skandal‹ personalisiert. Dieses ›Datenleck‹ wird als »das bislang größte seiner Art« bezeichnet.[157] Dabei ist es gerade einmal fünf Jahre her, dass das vorherige Recherche-Team die PANAMA PAPERS veröffentlichte. Wenn es PolitikerInnen aber weiterhin gelingt, sich als Kämpfer gegen Korruption, Steuerhinterziehung und Geldwäsche hinzustellen und gleichzeitig die gleichen Delikte zu begehen, sollte man die Struktur schnellstens klären, die solches ermöglicht.

Dieses Buch wirft die Systemfrage auf. Das haben viele andere auch schon getan. Wer aber nicht auf die Revolution warten will, muss Lösungsvorschläge machen. Solche liegen vor. Sie werden erarbeitet von zahlreichen kritischen Instituten, von Bürgerinitiativen und Gewerkschaften.

Es wird Zeit, die Sphäre der ›halbierten Demokratie‹ zu verlassen und die bremsenden systemrelevanten privaten Konzerne mit einer extremen Machtfülle endlich demokratischen Einflussmöglichkeiten und Entscheidungsprozessen zu unterwerfen. Das klingt nach Planwirtschaft, ist es aber nicht. Es klingt verwegen, weil die Details der Umsetzung noch nicht geklärt sind. Aber sind die angebotenen Alternativen einer unkontrollierten Herrschafts*ausweitung* privater Konzerne, mächtiger als mancher Staat, nicht noch viel abenteuerlicher?

Und sollen wir immer wieder auf ein neues *Desaster* warten, um das zu tun, was getan werden kann?

Interview mit Prof. Hans See

Storn: Lieber Hans See, Du hast dich intensiv mit Fragen der kriminellen Seite der Wirtschaft beschäftigt, und das lange vor Gründung der Bürger- und Menschenrechtsorganisation Business Crime Control vor jetzt 30 Jahren. Viele wissen gar nicht, dass Du über den sogenannten zweiten Bildungsweg zum Studium gekommen bist. Davor hast Du 12 Jahre lang als Werkzeugmacher dein Brot verdient, kennst also Unternehmen und Industriearbeit von innen.

See: Meinen frühen biographischen Daten möchte ich noch den bewusst erlebten und durchlittenen Faschismus, den Bombenkrieg sowie die Hungersnot hinzufügen. Und nicht zu vergessen: den Schwarzmarkt zwischen 1945 und 1948.

Storn: Während Deiner Zeit als Arbeiter hast Du an einer Abendschule die Mittlere Reife nachgeholt, dann am Frankfurter Hessenkolleg das Abitur. Nach dem Studium an den Universitäten in Frankfurt und Marburg warst Du fünf Jahre lang Leiter der kleinen Planungskommission für ein ›Klassenloses Krankenhaus‹ im damaligen Landkreis Hanau.

See: Der Bau des Modellkrankenhauses wurde aber kurz vor der Grundsteinlegung verhindert, weil durch die Gebiets- und Verwaltungsreform die SPD ihre Mehrheit an die CDU verlor, die ein ›Klassenloses Krankenhaus‹ im Kalten Krieg nicht zulassen konnten, obwohl ihre Wähler das Krankenhaus laut Umfragen auch wollten.

Storn: Seit 1976 hast Du als Professor an der Fachhochschule Frankfurt – am rebellischen Fachbereich Sozialarbeit – über Sozialpolitik, Migrationsprobleme und Demokratietheorie gelehrt und geforscht.

See: Und ausgerechnet der FDP-Politiker Wolfgang Gerhard, der von 1987 bis 1991 Hessischer Staatsminister für Wissenschaft und Kunst war, hat mir dann auch noch die Qualifikation eines Wirtschaftskriminologen bescheinigt.

Storn: Was hat dich bewogen, trotz deiner Auslastung mit Forschung, Lehre, publizistischer Tätigkeit und Engagements in der Erwachsenenbildung auch noch – wie es einige Zeitungen formulierten – einen ›Verein gegen die Mafia‹ zu gründen?

See: Diese Behauptung war falsch. Fake News, würde man heute sagen. Richtig ist, dass ich, übrigens zusammen mit dem ausgestiegenen Kriminaldirektor des Bundeskriminalamts, Dieter Schenk, einen Verein gegen die Verbrechen der ganz legalen Wirtschaft gründete. Diese legale Wirtschaft bediente sich allerdings – und hat damit bis heute nicht aufgehört – immer hemmungsloser mafioser Geschäftspraktiken. Vor allem, um ihre Marktmacht auszubauen und sich monopolistische Maximalprofite, damit aber auch immer größeren politischen Einfluss auf Staaten und Gesellschaften zu sichern. Die kapitalistischen Unternehmen waren – trotz ihrer Verbrechen, die ihre Eigentümer und Manager für und unter Hitler begangen hatten – vom Anfang bis zum Ende des Kalten Krieges in der westdeutschen Öffentlichkeit noch sehr hoch angesehen. Sie standen für das sogenannte Wirtschaftswunder, das – wenn man es genauer untersucht, wie es Ulrike Herrmann getan hat (Deutschland, ein Wirtschaftsmärchen) – keines war. Man sprach ohne Hintergedanken von ›seriösen Unternehmen‹. Zunehmende Kriminalität von Konzernen war nur Thema einiger weniger Experten, fast nur Juristen, die selten und von der Öffentlichkeit unbeachtet tagten. Bürger- und Menschenrechtsverletzungen wurden nur im Zusammenhang mit der Politik des Kommunismus diskutiert. Wer den Rassismus in den USA und die Räuberpolitik der Konzerne in Drittweltländern thematisierte, geriet in Verdacht, Freiheit und Demokratie in Frage stellen zu wollen.

Storn: Das alte Totschlagsargument.

See: Wer in dieser bipolaren Weltordnung die kapitalistische Wirtschaft kritisierte oder gar ihre Demokratisierung forderte, geriet sofort unter Kommunismusverdacht. Die reißerischen Schlagzeilen in einigen Zeitungen, die behaupteten, ich hätte einen Verein gegen die Mafia gegründet, haben wahrscheinlich ihren Ursprung in der Printausgabe des SPIEGEL, der zur BCC-Gründung und über mein Buch KAPITAL-VERBRECHEN berichtete. Dort wurde aber auf die ›mafiosen Praktiken‹ der Wirtschaftskriminalität verwiesen. Die Überschrift lautete ganz seriös: »Blinder Fleck«. Und der Untertitel erklärte zutreffend: »Ein deutscher Professor hat einen Verein gegen mafiose Praktiken in der Wirtschaft gegründet.« (SPIEGEL vom 03.06.1991) Der SPIEGEL konnte es sich unmittelbar nach dem Zusammenbruch des Ostblocks wohl nicht verkneifen, von ›mafiosen Praktiken‹ der Wirtschaft zu reden. Damals sprachen nämlich fast alle ständig über die italienische Mafia und das Organisierte Verbrechen.

Storn: Was war mit dem »blinden Fleck« gemeint?

See: Der »blinde Fleck« bezog sich auf die linken Sozialwissenschaftler und die linken Sozialpolitiker, denen ich in meinem Buch vorwarf, sie seien zwar Kapitalismuskritiker, aber blind gegenüber der Wirtschaftskriminalität. Von Anfang an sah es so aus, als würden vor allem marxistische Ökonomen, Soziologen und Politikwissenschaftler vor dem Thema Wirtschaftskriminalität Augen und Ohren verschließen. Für sie war, was ich erst nach der Wiedervereinigung so klar zu hören bekam, der Kapitalismus auch ohne die mafiosen Praktiken krimineller Manager ein Verbrechen am Menschen und an der Natur. Das hatte ich zwar nie bestritten, war für mich aber kein hinreichender Grund, das Problem zu ignorieren.

Der »blinde Fleck« war auch der Grund, weshalb ich diesen Verein gegründet habe. Ich wollte die professionellen Kapitalismuskritiker dazu animieren, sich nicht länger nur mit dem sogenannten Grund- oder Hauptwiderspruch des Kapitalismus zu befassen, dem Gegensatz von Kapital und Arbeit und dem daraus als Notwendigkeit abgeleiteten Klassenkampf. Ich wünschte mir, sie würden endlich auch das Problem der Wirtschaftskriminalität ernst nehmen und in ihre Analysen, ihre strategischen Überlegungen zur Überwindung des Kapitalismus einbeziehen.

Storn: Kannst Du das konkretisieren? Denn das scheint ja ein ganz zentraler Punkt in deiner ›Theorie der kriminellen Ökonomie‹ zu sein.

See: Die marxistische Linke, Parteipolitiker wie Intellektuelle, konzentrierten sich in ihrer Geschichte fast immer nur auf Theorie und Praxis des Klassenkampfs – die Überwindung des Gegensatzes von Kapital und Arbeit. Orientierung war die marxistische Kritik der bürgerlichen politischen Ökonomie. In ihr sind die vielen – ebenfalls gravierenden – Gegensätze von Klassengesellschaften, wie die uralten Gegensätze zwischen Mann und Frau, Stadt und Land, Religion und Wissenschaft, Nationalismus und Internationalismus, nur Nebenwidersprüche, kommen in Standardwerken wie Marxens Kapital allenfalls am Rande und in Anmerkungen vor. Diese Nebenwidersprüche würden sich, so die Theorie, mit der sozialistischen Überwindung des Gegensatzes von Kapital und Arbeit von selbst erledigen.

Storn: Da warst Du anderer Ansicht?

See: Ja, aufgrund meiner eigenen Erfahrungen als Arbeiter und Gewerkschafter wusste ich, dass, wenn man sich als Linker nicht um die Frauenfrage, die Rassismus- und die Umweltfragen kümmerte, diese Fragen von anderen, besonders aggressiv von extremen Rechten, aufgegriffen und – gespickt mit linken- oder gar judenfeindlichen Vorurteilen – beantwortet werden. Mir wurde deshalb relativ früh klar, dass aus den von Linken ignorierten Nebenwidersprüchen jederzeit die Hauptwaffen der Rechten gegen die Linken geschmiedet werden konnten.

Storn: Nach diesem Analyseschema wäre also auch die Wirtschaftskriminalität ein Nebenwiderspruch? Es wäre sicher hilfreich, das zu konkretisieren.

See: Ja. Gern. Meine zugespitzte These: Er ist der wichtigste aller Nebenwidersprüche, wichtiger als die Genderfrage, wichtiger sogar als die sogenannte Rassismusfrage. Man könnte sagen, Wirtschaftskriminalität ist der Hauptnebenwiderspruch. Er ist nach meiner theoretischen Erkenntnis und praktischen Erfahrung weit bedeutender als die heute von Linken, auch demokratischen Sozialisten, sehr stark beachteten Nebenwidersprüche, die wir Patriarchalismus, Nationalismus, Rassismus, Antisemitismus und Antifeminismus nennen.
Nebenwidersprüche lassen sich – das macht sie ja zu Nebenwidersprüchen – *im Rahmen* des kapitalistischen Systems lösen. Das System nähme keinen Schaden, selbst wenn in Aufsichtsräten der Konzerne nur noch Frauen das Sagen hätten, in Südafrika nach Aufhebung der Apartheid nur noch Schwarze regieren und die Konzernchefs stellen dürften. Wie in den USA die kapitalistische Klassenherrschaft unberührt bleiben würde, wenn auch noch der letzte Rassist endlich besiegt wäre. Das Ausbeutungssystem wird durch die Überwindung der Nebenwidersprüche nicht gefährdet. Aber es wird besser erkennbar.

Storn: Weil die letzte Instanz des kapitalistischen Systems nicht der Mann/Frau-Konflikt oder Schwarze/Weiße-Konflikt ist, sondern das Eigentumsrecht.

See: Das aber gerade deshalb in den gegenwärtigen Auseinandersetzungen um Rechte und Gleichberechtigung kaum noch eine Rolle spielt. Es ist für mich kein Zufall, dass die doch sehr intensive Forschung auch linker, sehr progressiver Wissenschaftler und Wissenschaftlerinnen, die sich – was ja verdienstvoll ist – über Geschlechterverhältnisse, institutionelle und strukturelle Benachteiligung von Frauen gegenüber Männern, Schwarzen gegenüber Weißen, Fremden gegenüber Einheimischen, Armen gegenüber Reichen, Lohnarbeitern gegenüber Kapitalisten forschen, kaum noch die Eigentumsfrage stellen, vielleicht auch nicht mehr zu stellen wagen, weil sie Karriere, Forschungsmittel, Anerkennung der kapitalistischen Meinungsindustrie gefährdet.

Storn: In Deinem Buch KAPITAL-VERBRECHEN hast Du aufgezeigt, dass Marx dem Verbrechen, auch dem Wirtschaftsverbrechen, ambivalent gegenüberstand, weil er das Verbrechen als Produktionsfaktor, als Produktivkraft betrachtet hat.

See: Marx hat zwar sein ganzes Werk dem Gegensatz von Kapital und Arbeit gewidmet, aber immer wieder, teils sehr drastisch, daran erinnert, dass in diesem System die Produktivkräfte in einem historisch nie zuvor gekannten Ausmaß freigesetzt wurden. Vor allem dadurch, dass mit den bürgerlichen Revolutionen Wirtschaftspraktiken erlaubt wurden, die im christlichen Feudalismus strikt unterbunden, als Todsünden und Teufelszeug verurteilt worden waren. Zinsnehmen zum Beispiel, was Christenmenschen als Wucher galt, oder Sägemehl in den Brotteig mischen, falsch wiegen, Wucherpreise fordern, Zunftregeln brechen, heute würde man sagen, Wirtschaftsdelikte begehen. Die Einführung der Eigentumsfreiheit, der Vertragsfreiheit, der Gewerbefreiheit, also des Kapitalismus, hat diese Art der Wirtschaftsstraftaten des Feudalismus legalisiert.

Storn: Der bürgerliche Freiheitsbegriff richtete sich ja anfangs nicht gegen Sozialismus und Kommunismus, sondern gegen den christlichen Feudalismus und Absolutismus, gegen die dem Dritten Stand, dem Bürgertum, unerträglich gewordene Despotie von Adel und Klerus. Aber mit dem Erstarken der marxistischen Arbeiterbewegung rückte die Bourgeoisie wieder enger an Adel und Kirche heran, schlossen reaktionäre Bündnisse gegen Gewerkschaften und Arbeiterparteien.

See: Wo es der Bourgeoisie nicht anders gelang, linke Kapitalismuskritik zu entkräften und die Arbeiterbewegung ins Leere laufen zu lassen, wurde sie reaktionär und verbündete sich mit ihren reaktionären Feinden, den Krautjunkern und Monarchisten, gegen Sozialdemokraten und Kommunisten. Sie wurden nun zu Hauptfeinden der herrschenden Ordnung erklärt. In diesem fatalen Bündnis muss man den tieferen Grund des Antisemitismus suchen.

Storn: Bringen wir wieder die Wirtschaftskriminalität ins Spiel…

See: Ja. Praktisch angewandte Wirtschaftskriminalität setzt in vielen Fällen gute, ja hervorragende Rechtskenntnisse, dazu eine starke Vernetzung mit Geschäftsleuten und Beamten voraus. Die meisten der sich als Marxisten verstehenden Sozialwissenschaftler haben zwar ihren Marx, ihre Rosa Luxemburg, manche sogar Hilferdings Finanzkapital studiert, kennen aber Wirtschaftskriminologen wie den Stammvater der empirischen Kriminalsoziologie *Edwin Sutherland* nicht. Und wenn sie ihn kennen, dann aus zweiter oder dritter Hand, nämlich in Interpretationen, die ihn pauschal als überholt darstellen, sodass man ihn gar nicht erst liest.

Storn: Worauf beziehst Du diesen Vorwurf?

See: Ich greife eine Veröffentlichung heraus, von der auch ich betroffen bin. Ein Dipl.-Kaufmann namens Armin-Josef Guggenberger hat seine 2012 eingereichte Doktorarbeit ins Internet gestellt. Er promovierte an der Wirtschaftswissenschaftlichen Fakultät der Uni Regensburg. Titel: Die Bekämpfung der Wirtschaftskriminalität in einer Marktwirtschaft – eine empirische Analyse. Guggenberger erledigt in dieser Doktorarbeit *Sutherland* mit Argumenten, die darauf schließen lassen, dass er selbst dessen Hauptwerk gar nicht gelesen, sondern nur ihm in den Kram passende Meinungen über ihn gesammelt hat. Außer von kalten Kriegern abgeschriebene Argumente gegen Sutherland, von denen man glaubt, dass sie an Oberflächlichkeit nicht zu überbieten sind, hat er nichts zu bieten. Aber er hat die Ignoranz der Sutherland-Interpreten doch überboten, indem er das von mir und Dieter Schenk herausgegebene Buch WIRTSCHAFTSVERBRECHEN – DER INNERE FEIND DER FREIEN MARKTWIRTSCHAFT mit der Bemerkung erledigt: »Vergleicht man z. B. die Ausführungen von See & Schenk mit denen von Sutherland wird deutlich, dass sich deren Definition sehr stark an die von Sutherland anlehnt. Diese Definition bietet daher für die gegenwärtige Definitionsfindung von Wirtschaftskriminalität wenig Hilfestellung, da wirtschaftskriminelle Handlungen nach deren Definition nur von der privilegierten Oberschicht begangen werden, was nicht mehr dem heutigen Forschungsstand entspricht.«

Storn: Gibt er an, wo er das in Eurem Buch gelesen hat?

See: Er kann es nicht gelesen haben, das steht dort nirgends. Auf Seite 11, die er in den Anmerkungen angibt, beginnt das Vorwort, und im gesamten Vorwort steht nichts über Sutherland und auch nichts von einer privilegierten Oberschicht, die Wirtschaftsverbrechen begeht, sondern es wird dort über die ein Jahr zuvor stattgefundene Gründung von BCC und die Ziele des Vereins berichtet. Auch in der von mir und Dieter Schenk gemeinsam verfassten Einleitung gibt es keine einzige Bemerkung zu Sutherlands Wirtschaftskriminologie, sodass man zweifeln muss, ob Guggenberger auch nur eine Seite dieses Buches gelesen hat. Er scheint nicht einmal bemerkt zu haben, dass es sich um einen Sammelband handelt, denn dann hätte er solchen Unsinn gar nicht schreiben können. Er wäre dann unvermeidlich auf den Aufsatz meines inzwischen leider verstorbenen US-amerikanischen Kollegen und Freundes John Nagle gestoßen, der der einzige Autor des Bandes war, der auf Sutherland und die ihm folgenden Generationen an Kriminalwissenschaftlern eingeht. Aber auch Nagle bietet nicht den geringsten Anhaltpunkt für das, was Guggenberger behauptet. So hat der Doktorand der ›Wirtschaftswissenschaften‹, genauer, der Fakultät der Finanzwissenschaften, und dies zertifiziert von zwei angesehenen Professoren, meine kapitalismuskritische Theorie und Praxis mit einer platten Lüge vom Tisch gewischt.

Storn: Niemand überprüft solche Methoden?

See: Seine Doktorväter und das wissenschaftsgläubige Publikum haben – wie es scheint – bis heute nicht bemerkt, dass sich in den drei Jahrzehnten nach BCC-Gründung geradezu pandemisch eine mathematik- und kapitalhörige Wirtschaftskriminologie breitgemacht hat, die Wissenschaft dazu missbraucht, der politischen, demokratie- und rechtstheoretischen Diskussion das Vertrauen, das heißt die wichtigste Grundlage zu entziehen. Die Doktorarbeit von Guggenberger ist dafür repräsentativ.
Eine solche Grundhaltung überlässt die Kontrolle von Unternehmensbilanzen Privatunternehmen wie KPMG oder Ernst & Young. Sie geht davon aus, dass Wirtschaftsunternehmen schutzbedürftige Opfer ihrer eigenen Angestellten, unlauterer Konkurrenten und korrupter Politiker sind.

Storn: Kommen wir auf das, was nötig ist, Solches zu überwinden, Stichworte: Mitbestimmung, Demokratisierung, Verstaatlichung bzw. Vergesellschaftung von Konzernen.

See: Ja. Aber zunächst noch eine Anmerkung zu den staatssozialistischen Planwirtschaften. Während im Westen ein mörderischer Wettbewerb die Kapital-Konzentration stark vorangetrieben und Konzerne hervorgebracht hat, die dem Staat erpresserisch diktieren können, welche Wirtschaftspraktiken kriminalisiert und welche subventioniert werden, hatte sich im kommunistisch beherrschten planwirtschaftlichen Osten ein Untergrundkapitalismus als Komplementärsystem zur Planwirtschaft entwickelt. Der versorgte nicht nur die Endverbraucher mit anders nicht oder nur schwer erhältlichen Waren, sondern hielt auch – so paradox das klingt – am Plan vorbei die Planwirtschaften so gut es ging am Laufen.

Storn: Der Schwarzmarkt als Ergänzung der sozialistischen Mangelwirtschaft?

See: So kann man diese besondere Form einer Mischökonomie auf den Punkt bringen. Hätten wir hier im Westen die Planwirtschaft so erforschen können, wie sie wirklich war, wäre in den immer wieder versuchten West-Ost-Vergleichen aufgefallen, dass es sowohl in Marktwirtschaften als auch in Planwirtschaften Wirtschaftskriminalität gibt, die hier wie dort mit fadenscheinigen Argumenten wegerklärt oder erfolglos mit systemimmanenten Mitteln zu bekämpfen versucht wurde. Wir müssen, auch wenn es weh tut, davon ausgehen, dass es immer Menschen gibt, die sich weder am Markt noch am Plan orientieren, sondern in jedem System skrupellos die Wettbewerbsvorteile des Gesetzesbruchs, der Verletzung der Spielregeln, ausnutzen, um sich oder ihre Clans zu bereichern und ihre Macht an allen Kontrollen vorbei auszubauen, zu festigen und sie nach Möglichkeit nicht wieder aus der Hand zu geben.

Storn: Wie könnten denn wirksame Kontrollen aussehen?

See: Man muss zuerst einmal so gut wie möglich klären, was weder der Markt noch der Plan zu leisten vermag. Was an beiden Mechanismen gut, und was nicht funktioniert. Und weshalb. Die Gesellschaft verlässt sich dabei zunehmend auf die Strafgesetze und Strafverfolgungsbehörden. Fast alle, mit denen über Kriminalität gesprochen wird, fordern strengere Gesetze und strengere Kontrollen, vor allem der Finanzströme und der Einhaltung von Umweltauflagen. Aber ich könnte derzeit keinen Lehrstuhl für Wirtschaftskriminologie einer deutschen oder ausländischen Universität nennen, der eine *kriminalpräventive Mitbestimmung für Konzerne* fordert. Die Demokratisierung der Konzernmacht ist kaum noch ein Thema. Das wundert mich überhaupt nicht, so lange fast alle kriminalwissenschaftlichen Lehrstühle von Juristen und Juristinnen beherrscht werden.

Storn: Du hast vorhin kritisch auf die Wirtschaftsprüfungsgesellschaften hingewiesen…

See: Ja, auch so ein von Linken oft ausgeblendetes Problem. Das kann man unter *Selbstkontrolle* verbuchen. Wirtschaftsprüfungsgesellschaften, riesige Konzerne, kontrollieren und zertifizieren die Buchhaltungen, die Bilanzen riesiger Konzerne, sind zugleich deren Finanz- und Steuerberater und erforschen auch noch die Wirtschaftskriminalität. Viele sind schon erwischt worden, selbst tief in die wirtschaftskriminellen Praktiken der Unternehmen verwickelt gewesen zu sein, die sie eigentlich hätten kontrollieren und der Wirtschaftsverbrechen überführen müssen.
Kollegen und Kolleginnen des Wissenschaftsbetriebs, mit denen ich das Problem diskutieren wollte, war das noch gar nicht bewusst. Es ist geradezu absurd, vielen völlig unbegreiflich, dass selbst völlig unabhängige kapitalismuskritische Sozialwissenschaftler es KPMG, Ernest & Young und anderen einfach so durchgehen lassen, dass sich privatwirtschaftliche Konzerne gleichzeitig als Wirtschaftsprüfer, Wirtschaftsberater und kriminologische Forschungsinstitute betätigen.
Wenn ich ein wirtschaftskriminologisches Forschungsinstitut hätte realisieren können, wie ich es mir bei Vereinsgründung gewünscht habe, wären diese Konzerne sicher die ersten gewesen, deren Rolle ich bei aufgeflogenen kriminellen Geschäften untersucht hätte.

Storn: Die Realisation eines solchen Instituts scheiterte an Forschungsgeldern?

See: Ja. Angestoßen durch den sogenannten Flick-Parteienspenden-Skandal habe ich in den 80er Jahren mehrfach den Versuch unternommen, Gelder zur Erforschung dieses Problemkomplexes im Rahmen meiner Tätigkeit als Hochschullehrer an der FH-Frankfurt zu beschaffen. Ich hatte das Thema Wirtschaftskriminalität für mich entdeckt. Ein namhafter Verlagslektor hatte meinen Aufsatz dazu in den *Blättern für deutsche und internationale Politik* (7/1983) gelesen und kam auf mich zu mit dem Wunsch, ich solle doch ein Buch zu diesem Thema schreiben. Es erschien 1990 unter dem Titel KAPITAL-VERBRECHEN und enthielt, was ich mir in diesen sieben Jahren an Wissen und Erkenntnissen erarbeitet hatte, ohne Forschungsgelder, in zwei Forschungssemestern und in meiner privaten Zeit. Je intensiver ich mich mit dem Thema befasste, umso klarer wurde mir, dass es sich beim Wirtschaftsstrafrecht, das Juristen übrigens als ›Nebenstrafrecht‹ bezeichnen, keine Nebensache, auch nicht irgendein belangloser Nebenwiderspruch, sondern der von Kapitalismuskritikern so gut wie nie benutzte Zugang zur für mich zentralen Sozialstaats- und Demokratiefrage ist, letztlich auch zum Grundverständnis unseres Verfassungsrechts und der Menschenrechtsfrage. Vermutlich deshalb waren meine Bitten um Forschungsgelder vergeblich. Oft kam ich mir vor wie Kafkas Landvermesser K. vor dem Gesetz.

Storn: So kam die Idee, BCC zu gründen?

See: Es lag nah, einen Verein zu gründen, über den Verein Gelder einzuwerben und damit zu versuchen, wenigstens erst einmal ein Archiv aufzubauen, das die weit verstreuten Beiträge zu diesem Thema sammelt und der Forschung zugänglich macht. So fängt Forschung ja meistens an. Man stößt auf ein Problem, auf offene Fragen, sammelt dazu die vorhandenen Erkenntnisse, Materialien, Beweise, Belege, sortiert, systematisiert, analysiert und versucht, das Ergebnis in die größeren gesellschaftlichen Zusammenhänge einzuordnen, seine Relevanz zu prüfen. Zuletzt möchte man das Problem ja nicht nur theoretisch, sondern auch praktisch lösen. Aber man entdeckt immer wieder Lücken. So wurde mir die problematische Rolle, die die Wirtschaftsprüfungsgesellschaften in diesem Kontext spielen, während des Forschungsprozesses vor Gründung von BCC noch gar nicht bewusst. Und es dauerte auch danach noch längere Zeit, bis ich diese Schwachstelle meiner eigenen Untersuchungen entdeckte.

Storn: Wie bist Du darauf gestoßen?

See: Durch den aufsehenerregenden Fall der Wirtschaftsprüfungsgesellschaft Arthur Anderson. Dieser global agierende Prüfungs- und Beratungskonzern war tief in den sogenannten *Enron-Skandal* verstrickt. Dabei ging es um eine gigantische, systematische Bilanzfälschung. Der Holding Arthur Anderson wurde deshalb in den USA gerichtlich ihre Lizenz entzogen. Daraufhin tauchten die diversen Ländergesellschaften des Prüfungskonzerns in anderen Gesellschaften unter. Ein Mitarbeiter von Arthur Andersen Deutschland wollte sich damals bei Business Crime Control eine Anstellung verschaffen. Er besuchte mich und vertraute mir in einem mehrere Stunden dauernden Gespräch Insiderwissen an, das mir die Sprache verschlug. Da erst begriff ich, dass Wirtschaftsprüfungsgesellschaften, zumal private, tickende Zeitbomben für Sozialstaat und Demokratie sind.

Storn: Die kommen in Deinem Buch noch nicht vor. Wie kam denn dein Buch KAPITAL-VERBRECHEN zustande? Es enthält doch reichlich Informationen über Wirtschaftsverbrechen. Es muss also auch schon eine seriöse Forschung zum Themenkomplex Wirtschaftsverbrechen gegeben haben.

See: Ja, natürlich. Es gab sie. Es gab eine durchaus kritische Forschung zu den Verbrechen von Unternehmern im Kontext mit der Zerstörung der Weimarer Demokratie, dem Holocaust des deutschen Faschismus und des Zweiten Weltkriegs. Es gab viel Material über Schwarzmärkte zwischen Weltkriegsende und Währungsreform. Dazu auch eigene Erfahrungen. Auch über die Nachkriegszeit, das Wirtschaftswunder, die Rolle der Konzerne in der sog. Dritten Welt war die eine oder andere kritische Studie vorhanden. Und natürlich suchte man nach Forschungsergebnissen in den USA. Hier stützte ich mich auf Erkenntnisse des bereits erwähnten bedeutenden US-amerikanischen Kriminalsoziologen Edwin H. Sutherland, der die sogenannte *Weiße-Kragen-Kriminalität* sehr gründlich erforscht hatte. Sein 1949 erstmals, aber gekürzt, herausgegebenes Werk trägt den Titel WHITE COLLAR CRIME.

Storn: Gibt es eine deutsche Ausgabe?

See: Nein. Ich betrachte es als unfreiwilliges, aber umso klareres Eingeständnis der Instrumentalisierung des deutschen Verlagswesens im Kalten Krieg, dass dieses zur Zeit des Kommunistenjägers McCarthy selbst in den USA nur gekürzt erschienene Buch bis heute nicht ins Deutsche übersetzt wurde. Die erste ungekürzte Version, aber auch nicht in deutscher Übersetzung, erschien erst 1983. In Westdeutschland waren es vor allem Klaus Tiedemann und Karlhans Liebl, die sich als Juristen auf diesem Gebiet einen Namen gemacht hatten. Aber der juristische, genauer, der strafrechtliche Blick dieser Forschung war mir zu systemkonform. Pauschal gesagt ging es dieser Forschung vor allem darum, Schaden von den Wirtschaftsunternehmen selbst abzuwenden. Sie wollten das System vor seinen ›schwarzen Schafen‹, den Verbrechern im Nadelstreifen, schützen. Das hieß aber zugleich, den ›roten Socken‹, den Kritikern des Kapitalismus, ihre Argumente aus dem Kopf zu schlagen.

Storn: Den Begriff ›Weiße-Kragen-Kriminalität‹ hast Du nicht übernommen?

See: Nein, ich fand ihn von Anfang an irreführend, weil er ein so zentrales Problem nicht am Kapital als Privateigentum, also am Genpool des Systems, sondern an einer Äußerlichkeit, der Kleidung der Eliten der dreißiger und vierziger Jahre, festmachte. Das war verdienstvoll, weil Sutherland dem Vorurteil ein Ende machte, es gäbe nur die Blue-Collar-Crime, die Kriminalität der Unteren sozialen Klassen. Bessere Begriffe, die sich später im angelsächsischen Sprachraum durchgesetzt haben, waren *corporate crime* und *economic crime*, auch *occupational crime*, also *Konzernkriminalität*, *Wirtschaftskriminalität* und *berufsbedingte Kriminalität*. Sie beziehen sich deutlicher auf die großen Kapitalgesellschaften, auf die Wirtschaftsunternehmen und auf das Management.

Ja, es gab in den späten 1960er Jahren und in der Zeit der Sozialliberalen Koalition auch einige deutsche Juristen, die sich über die Gefahren von Wirtschaftsverbrechen klar waren und sich ernsthaft mit ihrer Bekämpfung befassten. Allerdings warnten sie unablässig und eindringlich vor all jenen, die diese Missstände dazu missbrauchen könnten, das ganze System in Frage zu stellen.

Storn: Das Ritual des Kalten Krieges.

See: Ja, eindeutig. Das richtete sich gegen die politische Linke. Und dies, obwohl die Warner Persönlichkeiten waren, die unsere Verfassung genau kannten, also auch wussten, dass sie offenhält, für welches Wirtschaftssystem sich das demokratisch frei gewählte Parlament entscheidet. Das kapitalistische System ist an keiner Stelle der Verfassung ausdrücklich geschützt. Trotzdem wurden auch die demokratischen Systemveränderer, die keine kommunistische Parteidiktatur anstrebten, sondern einen von der Wählermehrheit gewollten, also demokratisch gewählten Sozialismus anstrebten, als Verfassungsfeinde stigmatisiert.

Storn: Der Buchtitel KAPITAL-VERBRECHEN konnte doch auch sehr leicht unter Kommunismusverdacht gestellt werden.

See: Mit diesem Begriff war das Problem verknüpft, dass er – ohne Bindestrich – schon existierte und fest verbunden war mit Schwerstverbrechen wie Mord oder Hochverrat, Delikte, die mit Höchststrafen bedroht waren, und dass man den Bindestrich beim Reden nicht übermitteln konnte. Geschrieben machte er Eindruck, aber er machte keine Karriere, obgleich es einmal eine Titelgeschichte des SPIEGEL mit der Überschrift ›Kapital-Verbrechen‹ gab. Dann hat der Philosoph Peter Sloterdijk ihn einmal in einer seiner Talkshows als besonders zutreffend gelobt. Und auch von Harald Lech, dem bekannten Wissenschaftspopularisierer des Fernsehens, wurde er in einer seiner Sendungen genauso verwendet, wie ich es mir für alle Formen der Wirtschaftskriminalität, sozusagen als Sammel- und Oberbegriff, gewünscht hätte. Aber Kapital-Verbrechen, mit Bindestrich geschrieben, setzte sich gegen den alten, ohne Bindestrich, trotz prominenter Zustimmung, nicht durch. Daher habe ich mir angewöhnt, von Konzernkriminalität und von Wirtschaftsverbrechen zu sprechen, von Verbrechen des BIG Business. Weil die Konzerne eindeutig das größte Problem bei der Entstehung und Verbreitung der ›mafiosen‹ Wirtschaftspraktiken sind. Was aus meiner Sicht nicht als Entschuldigung der wirtschaftskriminellen Bereicherung für Kleinstunternehmer und mittelständische Betriebe geltend gemacht werden darf. Es geht um eine strategische Schwerpunktsetzung.

Storn: Aber Forschungsgelder hat das auch nicht erschlossen?

See: Ich fand aber einen Weg, auch ohne Forschungsgelder eigene Forschung zu betreiben, nämlich mit den Studierenden unseres Fachbereichs. Mit ihnen habe ich über viele Jahre ein Forschungsprojekt unter dem Namen *Sozialdatei WIKRI* durchgezogen. Es hat viele Jahre in Form von Seminaren die systematische Auswertung von Dokumenten und Berichten erfolgreich durchgeführt. Teile der Ergebnisse konnte ich für mein Buch verwenden, das schließlich das wissenschaftliche Fundament der BCC-Gründung bildete.

Storn: Welche Bedeutung kann man der Zeitschrift *BIG Business Crime* beimessen, die Du 1993 gegründet hast?

See: Mit der BCC-Gründung war auch mein Wunsch verbunden, so schnell wie möglich eine Zeitschrift für Mitglieder herauszugeben. Schließlich sollte daraus eine Fachzeitschrift für die interessierte Öffentlichkeit werden. Leider hat der Verein die Printausgabe nach 25 Jahren und 99 Einzelheften eingestellt. Immerhin hat mein Protest bewirkt, dass sie heute – recht ausgedünnt – als Inlet in der Zeitschrift *Stichwort Bayer* weitergeführt wird. Ich legte größten Wert darauf, dass in der Printausgabe historische und aktuelle Wirtschaftsverbrechen aufgearbeitet werden.
Es ging mir darum zu beweisen, dass Wirtschaftsverbrechen nicht – wie es die Wirtschaftsliberalen versuchten, mit der Schwarze-Schafe-Theorie zu erklären sind; dass aber auch die DDR-Forschung schief lag, die Wirtschaftsverbrechen seien ausschließlich ein Nebenprodukt des Imperialis-

mus. Die eine Seite war auf dem linken, die andere auf dem rechten Auge blind. Seit dem Zusammenbruch des Ostblocks und des organisierten Weltkommunismus sehe ich meine damalige Einschätzung bestätigt. Der Staatssozialismus des Ostblocks hatte einen eigenen Untergrundkapitalismus geschaffen.

Storn: Apropos DDR. Business Crime Control wurde ja ganz kurz nach der Wiedervereinigung gegründet, am 22. März 1991. Die Vereinigung der beiden deutschen Staaten wurde am 3. Oktober 1990 zelebriert. Du hast daran erinnert, dass BCC die erste Gründung einer wirtschaftskritischen Nichtregierungsorganisation im wiedervereinigten Deutschland war. Hatte das für Dich eine besondere Bedeutung?

See: Ich war fest davon überzeugt, dass diese Gründung und das öffentliche Aufsehen, dass sie erregte, ein Anstoß für viele frustrierte demokratische Sozialisten sein würde, eine grundlegende Erneuerung ihrer über Nacht von Einsturzgefahr bedrohten Denkgebäude in Erwägung zu ziehen. Tatsächlich herrschte in Kreisen demokratischer Sozialisten anfangs eine fast euphorische Aufbruchstimmung. Aus meiner Sicht begann nun eine neue Ära, eine neue Stufe der Entwicklung des Sozialismus, nämlich des demokratischen. Die demokratischen Sozialisten der untergegangenen DDR wollten ja nicht den Kapitalismus, sie wollten den diktatorischen Sozialismus in einen demokratischen verwandeln. Wer sich dafür interessiert, sollte einige Bücher von Daniela Dahn und anderen lesen, die diese kurze Phase der neuen DDR aktiv mitzugestalten versuchten.
Eine Brücke, die wir als demokratische Linke von BCC in die neuen Bundesländer anboten, war es, die Abwicklung der DDR-Wirtschaft durch die ›Treuhand‹ heftig zu kritisieren. Aber die demokratische Linke der DDR zeigte genau so wenig Interesse an diesem Themenkomplex wie die viel radikaleren und dogmatischeren Linken Westdeutschlands.

Storn: Hat sich in den 30 Jahren daran etwas geändert?

See: Nein, bis heute sind alle Versuche, Brücken zum Osten zu schlagen und dort Mitglieder für BCC zu gewinnen, auf der Ebene persönlicher Kontakte und neuer Freundschaften verblieben. Die PDS, später die Partei Die Linke, hat unsere Arbeit zwar nicht offen abgelehnt, auch nie offen kritisiert, aber – warum auch immer – die von mir – zum Beispiel in Hessen – angebotene Zusammenarbeit demonstrativ verweigert. Die Bundestagsfraktion hatte mich einmal sogar um eine Stellungnahme zur Änderung des Geldwäschegesetzes gebeten und nach Berlin zu einem Hearing des Ausschusses geladen, aber ihr hat wohl meine kritische Stellungnahme missfallen. Ich konnte meine Kritik jedenfalls nicht äußern, weil mich die Fraktion, die mich eingeladen hatte, im Hearing gar nicht nach meiner Meinung fragte. Der Bundestagsabgeordnete Raju Sharma, der von 2009 bis 2013 für die Partei Die Linke das Thema relativ gut voranbrachte, wurde von seiner Partei nicht wieder favorisiert und trat deshalb aus. Erst jüngst berichtete der Journalist Fabian Scheuermann von der Frankfurter Rundschau, dass der bekannte Bundestagsabgeordnete der Linkspartei Fabio De Masi, der sich als Finanzexperte intensiver mit den Problemen der Wirtschaftskriminalität befasste, in der Legislaturperiode 2021–2025 nicht mehr dabei sein wird. Er kritisiert, dass es nicht genug Leute in seiner Partei gebe, die sich für solche Themen interessierten. Dass sein Sohn so zurückstecken musste in den vergangenen Jahren, habe auch damit zu tun gehabt, dass es »zu wenig Personal in unserer Partei und unserer Fraktion gab, das bereit war, sich für die ökonomischen Debatten unserer Zeit zu interessieren. Ich habe versucht, dies durch mein Engagement auszugleichen«. Scheuermann trocken: »Für eine Partei, die für sich verbucht, die Flagge der Kapitalismuskritik hoch zu halten, ist diese Kritik herb.« Es ist traurig aber wahr.

Storn: Wie sieht die Zusammenarbeit mit NGOs aus, die nach BCC gegründet wurden?

See: Anfangs sah es meist gut aus, offene Angebote, denen aber dann die Enttäuschungen folgten. Zum Beispiel Transparency International (TI). Diese Antikorruptions-NGO wurde zwei Jahre nach BCC gegründet. Nach anfänglichen Kontakten stellte sich heraus, dass TI die Wirtschaft nicht als Täter, sondern als Betroffene, das heißt als Opfer sieht.

Storn: Transparency sieht sich selbst als Antikorruptions-Organisation. Korruption ist doch Teil von Wirtschaftsdelikten…

See: Ich habe den Begriff Korruption in meinen Untersuchungen zwar auch gelegentlich verwendet, aber ihn bei der Vereinsgründung von BCC bewusst – und seit meinen Erfahrungen mit Transparency möglichst ganz – vermieden. Denn einen derart unscharfen, auf jedes Weihnachts- oder Geburtstagsgeschenk, auch jeden materiellen Anreiz beliebig anwendbaren Denunziationsbegriff hielt ich für völlig ungeeignet, das Problem präzise zu benennen und die richtigen Schlüsse zur Bekämpfung der Wirtschaftskriminalität daraus zu ziehen. Es gab und gibt ja die juristischen Begriffe Bestechung, Bestechlichkeit und Vorteilsnahme im Paragraph 299 Strafgesetzbuch, die an Klarheit nichts zu wünschen übriglassen. Und die Bestechungsgelder, die Unternehmen, Staaten und Institutionen wie die Weltbank an ausländische Diktatoren oder inländische Parteien zahlten, waren sogar steuerlich absetzbar.

Storn: Bestechungsgelder von Firmen waren eine Form der staatlich anerkannten und geförderten privatwirtschaftlichen Einflussnahme auf Parteien, Abgeordnete, Beamte und Geschäftspartner, wenn man die vom Gesetzgeber gezogenen Grenzen nicht überschritt.

See: So ist es. Das wird oft vergessen. Natürlich haben die rechten Diktatoren in afrikanischen, asiatischen und lateinamerikanischen Ländern, die dafür sorgten, dass ihre Bevölkerungen keine Gewerkschaften gründeten, nicht streikten, keine höheren Löhne oder Umweltstandards forderten, auch noch nach dem Zusammenbruch des Ostblocks die Hand aufgehalten, aber Weltbank und westliche Staaten mussten sich ja nicht mehr damit erpressen lassen, die DDR als Staat anzuerkennen und die Beziehungen zur Sowjetunion zu vertiefen. Beide waren untergegangen.

Storn: Aber was hatte dieser Zusammenbruch des Ostblocks mit der Gründung von Business Crime Control zu tun?

See: Sehr viel. Denn das offensichtliche Ende des kommunistischen Weltsystems und die von vielen mit dem Kolonialismus und dem Imperialismus verglichenen Methoden der Wiedervereinigung war für mich, und ich hoffte, für viele andere demokratische Sozialisten auch, ein unmissverständlicher, quasi empirischer Beweis für die schon seit Jahrzehnten gehegte Vermutung, dass die Geschichte der sozialistischen Arbeiterbewegung einen anderen Verlauf nehmen würde, als die großen theoretischen Köpfe des Marxismus ihn sich vorgestellt hatten. Sie mussten vieles missverstanden und daraus falsche Schlüsse für ihre Politik gezogen haben. Es musste also ein gut begründeter Neubeginn versucht werden. Das Feindbild Ostblockkommunismus verlor im freien Westen erkennbar seine integrativen, aber auch seine polarisierenden Kräfte. Das hieß für mich: Auch wenn die Ideologien, mit der die bisherigen Frontlinien markiert wurden, noch nachwirken würden, würden sie spätestens mit dem nächsten Generationenwechsel ihre früheren Bedeutungen verlieren.

Storn: Und welche Rolle spielt dabei die kriminelle Ökonomie?

See: Der Klassenkompromiss, der nach 1945 vor allem im geteilten Deutschland unter dem Namen ›Sozialpartnerschaft‹ zum Erfolgsmodell wurde, erforderte sozialpolitische und verfassungsrechtliche Konzessionen an die verbürgerlichten Reste der organisierten Arbeiterbewegung, vor allem an Gewerkschaften und Sozialdemokratie, die Teile des politischen bürgerlichen Lagers als gefährliche Sozialdemokratisierung bekämpften. Kapitalisten und Kapitalgesellschafter, die die Strategie der Klassenkompromissler, die tendenzielle Sozialdemokratisierung der bürgerlichen Parteien, vor allem der CDU/CSU, teils auch der FDP, und deren sozialpolitische Öffnung nach links, akzeptierten, versuchten allerdings, die Kosten dieses Kompromisses durch Steuerhinterziehung und illegale Geschäftspraktiken auszugleichen. Und die Parteien schauten weg. Um die weitere Ausbreitung des Kommunismus zu verhindern, ihn am Ende zu besiegen, war jedes Mittel recht. Auch die Zusammenarbeit mit den Untergrundkapitalisten des Ostblocks, von denen viele gleichzeitig Kader der kommunistischen Planwirtschaft waren.

Storn: Mit zunehmender Einsicht in diese Zusammenhänge hast Du die klassische Kapitalismuskritik als unzulänglich erkannt und sie um die Themen Wirtschaftskriminalität und Kritik der kriminellen Ökonomie erweitert?

See: So ist es. Und ich hatte die Hoffnung, habe sie immer noch, dass die doch immer noch starke, sogar wieder stärker werdende Kapitalismuskritik meinen Theorieansatz aufgreift und ihre Klassiker, Marx, Engels, Hilferding, Luxemburg nicht revidiert, sondern modifiziert.

Storn: Kannst Du eine möglichst kurze Definition Deiner Theorie der kriminellen Ökonomie geben.

See: Stark vereinfacht: Die kapitalistischen Demokratien legalisieren den Kapitalismus, deshalb sind es in letzter Instanz die Staaten mit kapitalistischen Demokratien, die die Freiheit der Privatwirtschaft vor zu viel Demokratie, vor Demokratisierung, vor staatlicher Kontrolle, vor Sozialismus und Ökosozialismus schützen. Notfalls mit Hilfe der extremen Rechten in den bürgerlichen Parteien selbst und außerhalb. Ihr oberstes Ziel ist es, die Freiheit des Eigentums, sprich den Kapitalismus vor Linken jeder Art, auch sozialliberalen Reformern zu schützen. Die vom Klassenkompromiss diktierten Konzessionen an Sozial- und Umweltpolitiker treiben Teile der Bürgerlichen ins extrem rechte Lager und Wirtschaftsaktivisten in den Untergrund. Wenn dieser Untergrund die Macht ergreift, ist das im Extremfall die deutsche Version des Faschismus. Wer dem Rechtsextremismus und

Faschismus den Nährboden entziehen, ihn wirklich besiegen will, muss deshalb erst einmal die kriminelle Ökonomie, vereinfacht ausgedrückt, den Untergrundkapitalismus besiegen.

Storn: Der Untergrundkapitalismus spielt, soweit ich die parteipolitische, gewerkschaftliche und zivilgesellschaftliche Kapitalismuskritik überblicke, zumindest als Begriff nirgends eine Rolle.

See: Ebenso die kriminelle, die kriminalisierte Ökonomie, das Pendant zur legalisierten. Solche analytischen Begriffe müssten erst einmal durchgesetzt werden, in den Sprachgebrauch eingehen, wie heute die Begriffe Corona-Pandemie oder Lockdown. Sie gehörten innerhalb kürzester Zeit zum Wortschatz selbst der sogenannten bildungsfernen Teile der Gesellschaften. Die Privatwirtschaften, ihre legalisierten wie ihre kriminellen Bereiche, stehen heute mehr denn je für den kapitalistischen Internationalismus, der aber, im Gegensatz zum Kommunismus, entschieden gegen die klassenlose Gesellschaft kämpft; er basiert auf der Klassenspaltung, vor der er unablässig warnt. Kapitalisten und Parteien, die die Klassenkompromisse ablehnen und offen bekämpfen, setzen auf Rassenspaltung, auf das alte Prinzip ›teile und herrsche‹. Sie wissen, dass es keine verschiedenen Menschenrassen gibt, das wussten sogar die führenden Nazis, aber sie profitieren von diesem Irrglauben und ziehen es vor, die Existenz von sozialen Klassen zu leugnen, die es objektiv gibt. Lohnarbeiter sind Lohnarbeiter, auch wenn der Unternehmer sie noch so liebevoll Mitarbeiter nennt. Man muss nur fragen, wer wen einstellt und wer wen entlässt oder entlassen lässt.

Storn: Und der Justizapparat, der Rechtsstaat insgesamt, ist total überfordert. Rechtsstaatswidrige Deals und damit demokratiegefährdende Unrechtsurteile zwischen überlegenem Kapital und überforderter Justiz sind an der Tagesordnung.

See: Deshalb nimmt die kriminelle Ökonomie unaufhaltsam zu, arbeitet Rechtsextremen in die Hände und wird – wenn die demokratischen Kräfte diesen Mechanismus nicht begreifen oder auch nur unterschätzen – weltweit zu neuen autoritären Varianten bürgerlicher Herrschaft führen. Was diesen zur Macht gelangten, wahrscheinlich sogar von großen Mehrheiten frei gewählten Diktaturen bisher immer gemeinsam war und auch in Zukunft bleiben wird, ist ihr ausgeprägter, teils in demokratisch legitimierte Gesetze gefasster sozialdarwinistischer Charakter.

Storn: Das ist starker Tobak. Und was hat Business Crime Control dagegenzusetzen?

See: Nichts. Jedenfalls keine organisierte linke Partei, keine Gewerkschaft, keine speziell gegen den Untergrundkapitalismus kämpfende Bewegung, die sich bewusst wäre, dass das Problem der kriminellen Ökonomie ihr eigentliches Thema sein müsste. Viele Nichtregierungsorganisationen klammern dieses Thema zwar nicht aus, das ist ein Hoffnungsschimmer, aber es bleibt bei nahezu allen doch nur Randproblem.

Storn: Welche Rolle spielt aus Deiner Sicht Attac?

See: Gut, dass Du das fragst, beinahe hätte ich diese NGO vergessen. Attac wurde erst 1998 gegründet. Ich habe diese Bewegung, die ja zunächst nur für eine Tobin-Steuer, eine Transaktionssteuer, eintrat, nicht ernst nehmen können. Eine solche Steuer, davon war ich immer überzeugt, wird entweder überhaupt nicht oder nur in einer Form kommen, die ihre gedachte Wirkung auf die Finanzmärkte der Welt verfehlt. Ich habe aber mit Attac zusammengearbeitet.
In Frankfurt haben wir 2003 gemeinsam die Privatisierung der U-Bahn und anderer öffentlicher Einrichtungen über ›Cross-Border-Leasing‹ verhindern helfen. Es wäre schön, wenn unsere Medien einmal an diesen grandiosen Erfolg erinnern würden.

Storn: Das hört sich schon wieder so an, als sei alles verloren.

See: Die Hoffnung stirbt zuletzt. Ich habe noch Hoffnung. Wir haben als wirksame Waffe noch immer die besseren Argumente. Argumente sind also nicht das Problem, sondern die begrenzten Möglichkeiten ihrer Verbreitung. Die kapitalistische Demokratie ist gefährdet, aber man kann die Vorzüge der bürgerlichen Demokratie nur retten durch ihre Weiterentwicklung in eine sozialistische. Ziel einer Reformbewegung in Richtung sozialistischer Demokratie muss es sein, Kapitalgesellschaften, Banken, Versicherungen, kurz, die Konzerne, unter demokratische Kontrolle zu bringen, und dies mit großer Zustimmung und mit großem Rückhalt der Wähler und Wählerinnen, die erst einmal dafür gewonnen werden müssen. Es muss eine tatsächlich wirksame, auf keinen Fall käufliche oder erpressbare, mit Schlupflöchern und Hintertürchen versehene demokratische Kontrolle sein. Nur so könnten kapitalistische Demokratien sozialistische werden, das heißt freiheitlich-sozialistische Demokratien, also Wirtschaftsdemokratien.

Storn: Wie soll das praktisch gehen?

See: Jetzt sind wir an dem entscheidenden Punkt: Meine auf ein Schlagwort verkürzte Antwort lautet, wie ja vorhin schon angedeutet: Kampf der kriminellen Ökonomie durch *eine dritte Aufklärung* der Kapitalismuskritiker der fortgeschrittenen kapitalistischen Gesellschaften. Diese Aufklärung müsste von allen, die den Kapitalismus als System überwinden möchten, die die Privatmacht der öffentlichen Sozial- und Rechtsordnung untergeordnet sehen möchten, konsequent vertreten und vorangetrieben werden. Der Kerngedanke einer dritten Aufklärung ist aus meiner Sicht, den gemeinsamen Kardinalfehler der bürgerlichen, marktwirtschaftlichen und der sozialistischen, der planwirtschaftlichen Aufklärung endlich zu überwinden. Den Glauben an die segensreiche Reinigungsfunktion der freien Märkte oder das Allheilmittel einer sozialistischen Planwirtschaft. Beide Aufklärungen, die bürgerliche wie die die sozialistische, die der marxistischen Arbeiterbewegung, vernachlässigten sträflich die kriminelle Ökonomie. Sie ist die Waffe aller, denen es weder um Markt noch um Plan, auch nicht um das Allgemeinwohl geht, sondern um ihr Ego, ihr individuelles Interesse. Für sie ist das Reich der kriminellen Ökonomie die Alternative zum Reich der legalen Ökonomie. Machtergreifungen wie die Mussolinis, Hitlers, Francos, Pinochets, Erdogans oder – etwas weniger Entschlossene – wie die Berlusconis oder Donald Trumps sind meine historischen Belege. Es sind Verschwörer, die ihre Gegner mit der Behauptung entwaffnen, Verschwörer zu sein.

Storn: Noch konnten sie alle – die einen mit der Kritik der Waffen, die anderen mit der Waffe der Kritik, daran gehindert werden, sich die Welt zu unterwerfen.

See: Auch wer Fortschritte bei der Bekämpfung der Wirtschaftsverbrechen erzielt, durch Argumente, Whistleblowing, Strafgesetze, und seien diese Fortschritte noch so klein, sollte sich darüber freuen dürfen. Aber es sollte auf keinen Fall vergessen werden, dass auch die tüchtigsten und ehrlichsten Kapitalverwerter und -anleger, wenn nicht selbst, dann ihre gut bezahlten Finanzberater, ständig darüber nachsinnen, wie sie diese Fortschritte wieder außer Kraft setzen, umgehen, unterlaufen und sich nach dem Erwischtwerden freikaufen können.

Storn: Demokratischer Sozialismus wäre demnach nichts weiter als die erfolgreiche Verhinderung des Ausweichens der Kapitalstrategen in die Wirtschaftskriminalität? Du sagst, durch neue Formen der überbetrieblichen Mitbestimmung.

See: Ja, es wäre die erste Entwicklungsstufe einer sozialistischen Demokratie. Das Entscheidende ist, dass ab dieser Stufe der Ruf nach einer besseren, wirksameren sozialökologischen Politik wieder Sinn machen würde, weil den Gesetzen gegen Abgase der Autos nicht durch noch so raffinierte Techniken wie Abschaltvorrichtungen ausgewichen werden kann. Demokratie würde wieder funktionieren, Gesetze würden nicht mehr gemacht, um der Gesellschaft vorzumachen, die Politik hätte alles im Griff, obgleich der Gesetzgeber der Wirtschaft immer wieder neue Hintertüren öffnet. Denn der Untergrundkapitalismus erzeugt nun einmal jenen braunen, kriminellen Mob, den der Faschismus braucht, um den nackten nationalen Egoismus und die nackte Ausbeutung, auch anderer Völker und Länder, mit nackter Gewalt, mit Terror, Bürgerkrieg, Krieg und Versklavung von Arbeitskräften durchzusetzen.

Storn: Eigentlich wäre das ja der Punkt, an dem dieses Interview hätte beginnen müssen. Aber es soll ja auch zum selbständigen Denken anregen. Beenden wir es mit einem Blick auf die Corona-Pandemie. Stellt sie nicht alles in Frage, was wir bisher an Überlegungen angestellt haben?

See: Das glaube ich nicht. Im Gegenteil. Es sind durch die sogenannten Lockdowns und die enormen Staatshilfen für die Wirtschaft wieder einige Tatsachen ins öffentliche Bewusstsein zurückgekehrt, die in den Medien gar kein Gehör mehr fanden, wenn wir unverbesserlichen Linksdemokraten sie geäußert haben. Wir haben schon vor Jahren die These vertreten, Geld sei genug da. Und jetzt haben es die kapitalistischen Staaten, die das leugneten, selbst bewiesen, weil es darum ging, das System zu stabilisieren. Man darf zwar sehr gespannt sein, wann diese wundersame Geldvermehrung und von wem wie bezahlt wird. Vielleicht erlebe ich nochmal eine Währungsreform. Alles ist denkbar. Als bewiesen sehe ich nun auch meine Diagnose, dass das System des Kapitalismus schon lange tot wäre, wenn der demokratische Sozialstaat nicht in Wirklichkeit eine Herz-Lungen-Maschine wäre, die ihn künstlich am Leben erhält. Zu dieser Maschine gehören neben der Kulturindustrie und aufgeblähter Bürokratie auch Raumfahrt, Rüstung und Militär, die aggressive Exportpolitik und die künstliche Niederhaltung von wirklich ›ausländischer‹, also nicht durch Eigenbeteiligungen abgemilderter Konkurrenz.

Storn: Wie verträgt sich diese Diagnose des fast schon toten, nur noch künstlich am Leben gehaltenen Kapitalismus mit Deiner These, die Weltkonzerne seien ja eigentlich keine Unternehmen mehr im klassischen Sinne, sondern müssten eher als Sonderformen von Staaten angesehen und entsprechend – als Diktaturen – behandelt werden?

See: Um zum Ende zu kommen, nur ganz kurz: Es gibt kaum noch ernst zu nehmende Ökonomen und Sozialwissenschaftler, die nicht von der Diktatur der Konzerne, von der Ohnmacht der demokratischen Staaten gegenüber der Weltmacht Kapital sprechen. Ich sage, und ich stehe damit nicht allein, die Konzerne haben – siehe die Wirtschaftsprüfungsgesellschaften – mit der Privatisierung öffentlicher Dienstleistungen auch hoheitliche, staatliche Macht gewonnen. Legale und illegale Parteienfinanzierung, private Sicherheitsdienste, sogar Privatarmeen, private Raumfahrt, private Rüstungsgeschäfte, legale, illegale. Wir müssen uns doch ernsthaft fragen: Wann werden die ersten Staaten offiziell privatisiert? Und deshalb frage ich: Wann werden die ersten Konzerne – nein, nicht verstaatlicht – sondern zu Staaten erklärt?

Storn: Das alles gab es doch schon einmal. Im Kolonialsystem des Feudalismus.

See: Ja, ich denke bei diesem Gedanken immer an die Geschichte der privaten Handelskompagnien. Sie hatten lizenzierte Staatsbefugnisse. Heute ist zum Beispiel der Vatikan, der ja nicht nur eine geistliche Macht, sondern auch eines der größten Unternehmen der Welt ist, ein Konzern mit vielen Beteiligungen an anderen Konzernen, und zugleich ein Staat. Ein Staat mit Sitzen in vielen Staaten. Warum nicht auch die privaten Mediengiganten, von denen viele inzwischen mächtiger als die katholische Kirche sind, zu Staaten erklären? Sie aber dann doch nur anerkennen, wenn sie sich demokratisch organisieren. Wie es die USA von Kuba verlangen, oder die EU von Russland und China. Die Mediengiganten haben sogar – was natürlich viele, auch ich, erst einmal richtig fanden – einem potentiellen Faschistenführer wie dem Präsidenten der Vereinigten Staaten von Amerika, Donald Trump – den Zugang zu seinem Account gesperrt. Aber was, wenn nicht ihm, sondern den Demokraten der Zugang gesperrt worden wäre?

Storn: Ich glaube, das trauen sich die meisten Linken gar nicht zu Ende zu denken.

See: Der Machtfaktor Medienkonzerne wird immer größer und bedrohlicher, nicht nur für die Idee der sozialistischen Demokratie, sondern für die real existierenden kapitalistischen Demokratien selbst. Die vielen Menschen, die sich inzwischen global für eine bessere Welt, für mehr Demokratie, mehr soziale Gerechtigkeit und gegen die Zerstörung unserer Umwelt engagieren, werden Lösungen durchsetzen, denen die Fundamentalisten unter den Kapitalisten längst heimlich, teilweise aber auch schon offen, den Krieg erklärt haben. Und diese finden wir nicht nur unter den extrem Rechten, sondern auch in großen Teilen derer, die sich selbst als bürgerliche Mitte definieren.
Wenn erst einmal ernsthaft den Verbrechen der Wirtschaft entgegengetreten wird, wird sich zeigen, dass es der Antikommunismus und Antisozialismus der Parteien der Mitte ist, der die geleugnete Brücke zwischen bürgerlicher Mitte und extremer Rechten bildet. Er ist der gemeinsame Nenner aller entschiedenen Anhänger des Kapitalismus. Ihn müssen die Linken im Auge behalten.

Storn: Beenden wir damit das Gespräch, Du hast das letzte Wort.

See: Danke! Ich wünsche Deinem Buch viele Leserinnen und Leser, die bereit sind, sich in das anspruchsvolle Problem der Wirtschaftskriminalität und des Systems der kriminellen Ökonomie einzuarbeiten. Es ist gar nicht so schwer. Man muss nur versuchen, erst einmal die legalisierte Wirtschaft zu verstehen, um sich dann klar zu machen, dass die illegale Wirtschaft sich von dieser kaum unterscheidet. Es ist die Politik, es sind demokratische Mehrheiten, die darüber befinden, ob ein Geschäft legal oder illegal

ist. Die Strafgesetze bestimmen in letzter Instanz die Grenzen eines jeden Systems. Regierende Parteien kriminalisieren aus verschiedenen Gründen bestimmte Geschäfte. Sie müssen auf ihre Legitimation achten. Und weil beide Ebenen, die legalisierte und die kriminalisierte Ökonomie – nicht selten vermittelt über Geheimdienste – in der Regel erfolgreich und profitabel zusammenarbeiten, fällt es der Mehrheitsgesellschaft so schwer zu glauben, dass von den Chefetagen der Konzerne die eigentliche Gefahr für die Demokratie, für jede Form von Demokratie ausgeht. Demonstranten, die durch Straßen ziehen und Plätze füllen sind doch eher die Forderer und Förderer der Demokratie.
Ich danke sehr!

Storn: Ich danke auch.

Anmerkungen

1 BCC-Info 1/93, S. 14

2 BCC-Info 1/93, S. 8

3 BCC-Info 1/93, S. 16

4 Ebenda

5 Ebenda

6 Ebenda

7 SPD-Vize über FDP-Chef: Kühnert nennt Lindner »Luftikus« und »Spieler«, FAZ vom 23.9.2021: »Lindner ist ein Spieler, der sogar Superreiche steuerlich entlasten will, gleichzeitig aber kein seriöses Finanzkonzept hat. Ich frage mich, mit welcher Partei er auf dieser windigen Grundlage zusammenarbeiten möchte«, sagte Kühnert.

8 *BIG Business Crime* wurde als vierteljährlich erscheinende Zeitschrift des Vereins Business Crime Control von dem Politikwissenschaftler und Wirtschaftskriminologen Prof. Dr. Hans See gegründet. http://big.businesscrime.de

9 Die Coordination gegen Bayer-Gefahren ist ein internationales Selbsthilfe-Netzwerk, das sich für Umweltschutz und soziale Anliegen einsetzt und dabei insbesondere den multinational tätigen Konzern Bayer weltweit unter Beobachtung und kritische Begleitung stellt. https://www.cbgnetwork.org/1.html

10 »Der strahlende Selbstbetrug – wohin mit dem tödlichen Atommüll?«, von Gerhard Schmidt und Herbert Stelz, in: *BIG Business Crime (Theorie, Praxis und Kritik der kriminellen Ökonomie)* 1/2016

11 Eckhardt Momber »Überall Fukushima – ein Reisebericht« in: *BIG Business Crime 1/2017*

12 Die K+S AG, früher Kali und Salz AG, mit Sitz in Kassel ist ein börsennotiertes deutsches Bergbauunternehmen mit den Schwerpunkten Kali- und Salzförderung.

13 Vgl. Der Spiegel vom 29.4.2021 »Salzlauge im Grundwasser – und die Behörde genehmigt es«

14 So auch Rechtsanwalt Hans-Jürgen Kost-Stenger in der Hessenschau (hr vom 5.5.2021)

15 BCC Doku Nov-18 bis Mai-19, S. 27ff

16 Das Votum ist für die Politik allerdings rechtlich nicht bindend, weil es sich ›nur‹ um eine Aufforderung und nicht um einen konkreten Gesetzentwurf handelt. Dennoch werden sich der neue Senat und das neu gewählte Abgeordnetenhaus damit auseinandersetzen müssen. Immerhin erreichte die Zustimmung eine Quote, die höher liegt, als eine Partei in der Wahl Stimmen erhielt.

17 Zeit.de vom 18.10.2018

18 BIG Business Crime 1-2017, S. 10ff

19 https://www.attac.de/bildungsangebot/bildungsmaterial/sekundarstufe-und-erwachsene/moderene-sklaverei-ueber-globale-arbeitsverhaeltnisse

20 Ulrich Brand, Markus Wissen, Imperiale Lebensweise – Zur Ausbeutung von Mensch und Natur in Zeiten des globalen Kapitalismus, Oekom Verlag 2017

21 Im Herbst 2021 wird in München der Prozess eröffnet. Der TÜV-Süd streitet jede Verantwortung ab.

22 https://lieferkettengesetz.de

23 https://www.bundesregierung.de/breg-de

24 Armin Paasch, Referent für Welthandel und Ernährung beim Bischöflichen Hilfswerk Misereor fasst die Kritik in seinem Beitrag »Radikal verwässert: Das neue Lieferkettengesetz« in: Blätter für deutsche und internationale Politik 4/2021 in vielen Facetten und mit nüchternem Blick zusammen.

25 Werner Rügemer, Imperium EU – ArbeitsUnrecht, Krise, neue Gegenwehr, 2020, S. 214

26 Ebenda

27 A. a. O. S. 32

28 Hans See, Kapital-Verbrechen. Die Verwirtschaftung der Moral, S. 101

29 A. a. O. S. 337ff

30 Ebenda

31 A. a. O. S. 339

32 Memorandum 2021 Kurzfassung, S. 17

33 Hans See, Kapital-Verbrechen. Die Verwirtschaftung der Moral, S. 43

34 Ebenda

35 Hans See, Wirtschaft zwischen Demokratie und Verbrechen, 2014, S. 441

36 Makronom, Artikel vom 19. Juli 2018

37 BIG Business Crime 4/2016, S. 26

38 Ebenda S. 25ff

39 »Transnationale Umweltkriminalität ist zum wichtigsten finanziellen Motor sozialer Konflikte in der Welt geworden«, sagt Studienleiterin Meredith Gore, Professorin für Fischerei und Tierwelt an der Michigan State University. »Wenn das in Rahmenplänen für nachhaltige Entwicklung nicht angesprochen wird, werden diese ernsthaften Bedrohungen die Entwicklung in kommenden Jahrzehnten unterminieren.« Ein Problem ist den Forschern zufolge, dass die Öffentlichkeit und die Politik viele Formen von Umweltkriminalität nur bedingt wahrnehmen oder deren Risiken unterschätzen. Quelle: *UmweltDialog* vom 29.8.2019. https://www.umweltdialog.de/de/management/Compliance/2019/Umweltkriminalitaet-kostet-Weltwirtschaft-Milliarden.php

40 Berliner Zeitung vom 26.2.2021

41 Noch ein Jahr zuvor ist Enron der siebtgrößte Konzern der USA. Am 2. Dezember 2001 fliegt der gewaltigste Bilanzbetrug der US-Geschichte auf. Dazu diente ein Geflecht von mehr als 2000 Partnerfirmen, über die der Konzern faktisch Geschäfte mit sich selbst machte. Aktionäre, Banken und Pensionsfonds verlieren 60 Mrd. Dollar, 20.000 Mitarbeiter ihre Jobs und viele davon ihre Altersvorsorge. Die beiden Hauptakteure werden zu langen Haftstrafen verurteilt, einer stirbt vor Haftantritt (nach *Capital* vom 23. Juli 2020).

42 Berliner Zeitung vom 26.2.2021

43 Ebenda

44 https://www.bertelsmannstiftung.de/fileadmin/files/BSt/Publikationen/GrauePublikationen/GP_Ein_Segen_dass_uns_das_Geld_ausgeht.pdf

45 Kai Eicker-Wolf/Patrick Schreiner, Mit Tempo in die Privatisierung. Autobahnen, Schulen, Rente – und was noch?, 2017

46 Zum Thema hat Matthias Holland-Letz in der GEW-Zeitschrift EuW und durch Broschüren viel beigesteuert. Viele Informationen finden sich auch in seinem Buch: Scheinheilige Stifter. Wie Reiche und Unternehmen durch gemeinnützige Stiftungen noch mächtiger werden, 2015

47 Im April 2018 wurde Finks Privatvermögen vom *Bloomberg Billionaires Index* mit einer Milliarde US-Dollar angegeben.

48 Heise-online 6/2006, https://www.heise.de/
Zu den Projekten: https://www.gatesnotes.com/

49 Quelle *medico international*: Bill Gates und die WHO – Nur ein Symptom https://www.medico.de/

50 Das Unternehmen Weltgesundheit, https://www.medico.de/das-unternehmen-weltgesundheit-17748

51 Tariq Ali, Heiner Flassbeck, Rainer Mausfeld, Wolfgang Streeck, Peter Wahl, Die extreme Mitte: Wer die westliche Welt beherrscht, 2020, S. 122

52 SWR2 4.9.2020

53 Mittels eines einstündigen Films mit Führungspersönlichkeiten auf der Homepage des WEF und mittels des dazugehörigen Buchs von Klaus Schwab und Thierry Malleret: Covid-19: THE GREAT RESET

54 WEF Homepage; https://www.weforum.org/great-reset

55 https://norberthaering.de/die-regenten-der-welt/grosser-neustart/

56 https://www.stern.de/digital/technik/bill-gates-will-hunderte-winzige-atomkraftwerke-bauen-30427776.html

57 *»Meine Botschaft ist, dass wir Euch beobachten! Das hier ist alles falsch, ich sollte hier nicht sein, ich sollte zurück in der Schule sein auf der anderen Seite des Ozeans – aber Ihr kommt immer noch zu uns jungen Menschen, um Euch Hoffnung zu geben!*
Wie konntet Ihr es wagen, meine Träume und meine Kindheit zu stehlen mit Euren leeren Worten? Wir stehen am Anfang eines Massenaussterbens und alles, worüber Ihr reden könnt, ist Geld und die Märchen von einem für immer anhaltenden wirtschaftlichen Wachstum – wie könnt Ihr es wagen?
https://www.merkur.de/politik/greta-thunberg-rede-un-klimagipfel-new-york-deutsch-zr-13031691.html

58 https://de.wikipedia.org/wiki/Laurence_Douglas_Fink

59 Z. B. Deutsche Wirtschaftsnachrichten vom 8.1.2021

60 https://norberthaering.de/news/wef-un/

61 Quelle: United Nations Conference on Trade and Development (UNCTAD), World Investment Report 2016, Online-Datenbank: UNCTADstat (Stand: Februar 2017) Vermögenswerte von 20 ausgewählten MNU im Vergleich zum BIP ausgewählter Staaten 2015 Lizenz: Creative Commons by-nc-nd/3.0/de Bundeszentrale für politische Bildung 2017 | www.bpb.de

62 https://makronom.de/

63 https://www.globaljustice.org.uk/news/69-richest-100-entities-planet-are-corporations-not-governments-figures-show/

64 Rainer Mausfeld, Die neoliberale Mitte als demokratische Maske einer radikal antidemokratischen Gegenrevolution, in: Ali, Flassbeck, Mausfeld, Streeck, Wahl, Die extreme Mitte, S. 147

65 Handelsblatt vom 20.12.20/3.1.2021

66 Ebenda

67 Werner Rügemer, Die Kapitalisten des 21. Jahrhunderts. Gemeinverständlicher Abriss zum Aufstieg der neuen Finanzakteure, 2018

68 A. a. O. S. 23

69 FAZ vom 11.5.2017

70 Handelsblatt vom 4.11.2020

71 Wolfgang Hetzer, Ist die Deutsche Bank eine kriminelle Vereinigung?, 2015, S. 41

72 Wieslaw Jurczenko, Gamestop oder: Der letzte Warnschuss, in: Blätter für deutsche und internationale Politik 3/2021, S. 9ff

73 Ebenda S. 12

74 »Bund zahlt für Atomausstieg 2,4 Milliarden Euro an Energieversorger«

75 https://power-shift.de/

76 Herbert Storn, Germinay First – Die heimliche deutsche Agenda, 2019, S. 114f

77 Vom 14.7.2019

78 Im März 2019 bei Oxford University Press erschienen. Stark ist wissenschaftliche Referentin am Max-Planck-Institut für Steuerrecht und Öffentliche Finanzen in München.

79 Ebenda

80 Erschienen 2021 in der edition suhrkamp

81 Ebenda S. 196

82 Ebenda S. 100

83 Bundeszentrale für politische Bildung (BpB) 14.10.2020

84 https://www.oxfam.org/en

85 Süddeutsche Zeitung (SZ) vom 9./10.1.2021

86 https://www.oxfam.de/ueber-uns/publikationen/oxfams-bericht-covid-19-auswirkungen-ungleichheitsvirus

87 Thomas Piketty, Kapital und Ideologie, deutsch 2020, S. 11

88 Genau das fehlt in dem bereits zitierten Suhrkamp-Bändchen Die demokratische Regression.

89 Christian Kreiß, Gekaufte Wissenschaft. Wie uns manipulierte Hochschulforschung schadet und was wir dagegen tun können, 2020

90 Vgl. etwa https://www.boeckler.de/pdf/p_ek_ap_06_2019.pdf

91 https://www.bloomberg.com/authors/AQdUWe1dz2M/devon-pendleton

92 Süddeutsche Zeitung (SZ) vom 9./10.1.2021

93 »Wie er wurde, was er ist«, https://www.freitag.de/autoren/wolfgang-michal/wie-er-wurde-was-er-ist

94 Michael Hartmann, Die Abgehobenen, Wie die Eliten die Demokratie gefährden, 2018

95 Pitt von Bebenburg, Matthias Thieme, Ausgekocht – Hinter den Kulissen hessischer Machtpolitik, 2010

96 Frank Wehrheim, Inside Steuerfahndung, 2. Aufl. 2011

97 Karl Marx, Das Kapital, Band 1

98 Daniela Dahn, Der Schnee von gestern ist die Sintflut von heute, S. 37f

99 Die EU erwägt erstmals die Einführung von Sanktionen gegen staatliche Akteure, die insbesondere während der Corona-Krise Desinformationskampagnen durchgeführt haben sollen. Deutsche Wirtschaftsnachrichten 04.12.2020

100 Christian Kreiß hat die Geschichte in seinem bereits zitierten Buch Gekaufte Wissenschaft. Wie uns manipulierte Hochschulforschung schadet und was wir dagegen tun können als Beispiel dafür referiert, was passiert, wenn die öffentliche Hand und die öffentliche Meinung tief und fest schläft (S. 21).

101 Hans See, Kapital-Verbrechen. Die Verwirtschaftung der Moral, S. 47

102 Ders., Wirtschaft zwischen Demokratie und Verbrechen, S. 31f

103 https://www.alternative-wirtschaftspolitik.de/kontext/controllers/document.php/593.c/5/0ca532.pdf

104 https://www.oxfam.de/ueber-uns/publikationen/oxfams-bericht-covid-19-auswirkungen-ungleichheitsvirus

105 MAKROSKOP vom 13. März 2021

106 Ebenda

107 Klaus Dörre im *Freitag* 1/2021 vom 7.1.2021

108 Ebenda

109 Ebenda

110 https://www.tagesschau.de/wirtschaft/unternehmen/daimler-dividende-kurzarbeitergeld-hauptversammlung-101.html

111 https://digital.freitag.de/1421

112 Werner Mausfeld in: Fassadendemokratie und Tiefer Staat, S. 47

113 A. a. O. S. 52

114 Hans-Jürgen Urban, »Wirtschaftsdemokratie statt kapitalistischem Wachstumszwang«, 11.12.2019, Arbeit&Wirtschaft Blog Österreichischer Gewerkschaftsbund. Siehe auch: Hans-Jürgen Urban, Gute Arbeit in der Transformation – Über eingreifende Politik im digitalisierten Kapitalismus, VSA 2019

115 https://www.igmetall.de/download/20190605_20190605_Transformationsatlas_Pressekonferenz_f2c85bcec886a59301dbebab85f136f36061cced.pdf

116 Hans-Jürgen Urban, a. a. O.

117 http://https//www.linksfraktion.de/termine/detail/ahoi-mitbestimmung/

118 Hans-Jürgen Urban, Blätter für deutsche und internationale Politik 11/2019

119 Stephan Siemens mit Martina Frenzel, Das unternehmerische Wir. Formen der indirekten Steuerung in Unternehmen, 2014

120 A. a. O. S. 20

121 A. a. O. S. 21

122 A. a. O. S. 11

123 Der DGB-Index *Gute Arbeit* misst die Qualität der Arbeitsbedingungen aus Sicht der Arbeitnehmerinnen und Arbeitnehmer. Seit dem Jahr 2007 werden in einer jährlichen bundesweiten Repräsentativerhebung die abhängig Beschäftigten danach gefragt, wie sie ihre Arbeitsbedingungen bewerten – denn sie sind die Experten für ihre Arbeitsqualität.
Von 0 bis 100. Die Qualitätsstufen
Aus den Antworten wird der DGB-Index *Gute Arbeit* ermittelt, der einen Wert zwischen 0 und 100 Punkten erreichen kann. 0 Punkte stehen für die denkbar schlechteste Arbeitsqualität, 100 Punkte symbolisieren optimale Arbeitsbedingungen. Der DGB-Index weist vier Qualitätsstufen von Arbeit aus: Schlechte Arbeit (0 bis 49 Punkte), Arbeit im unteren Mittelfeld (50 bis 64 Punkte), Arbeit im oberen Mittelfeld (65 bis 79 Punkte) und Gute Arbeit (80 bis 100 Punkte).
Was ist also Gute Arbeit?
Der positive Bereich der Arbeitsqualität ist durch umfassende Entwicklungs- und Entfaltungsmöglichkeiten, geringe negative Belastungen, ein angemessenes Einkommen und hohe berufliche Sicherheit gekennzeichnet. Niedrige Indexwerte verweisen dagegen auf hochgradig belastende und entwicklungsarme Arbeitsbedingungen, häufig kombiniert mit einem geringen Einkommen und unsicheren Zukunftsperspektiven.
Differenzierte Arbeitsberichterstattung
Die Indexwerte geben einen schnellen Überblick über die Arbeitsqualität und mögliche Problemfelder. Darüber hinaus erlauben die Ergebnisse der Repräsentativbefragung zum DGB-Index detaillierte Analysen zu den einzelnen Aspekten der Arbeitsqualität. Auswertungen auf der Ebene von Branchen, Berufsgruppen, Alter, Geschlecht etc. ermöglichen den gruppenbezogenen Vergleich von Ressourcen- und Belastungssituationen.
Institut DGB-Index *Gute Arbeit*
Das Institut DGB-Index *Gute Arbeit* wurde im Jahr 2013 unter dem Dach des DGB-Bundesvorstands gegründet. Es führt die bundesweiten Repräsentativerhebungen durch und entwickelt sie weiter. Das Institut präsentiert die Index-Ergebnisse der Öffentlichkeit und koordiniert die am Projekt beteiligten Partner.

124 Vgl. taz vom 30.10.1993 und Der Spiegel vom 12.06.2006

125 Christoph Trautvetter und Markus Henn, Keine Transparenz trotz Transparenzregister, https://www.rosalux.de/fileadmin/rls_uploads/pdfs/Studien/Studien_5-20_Immobilien-Transparenz.pdf

126 Ralf Wurzbacher, Copy and Paste. Die Bundesregierung spart sich beim ÖPP-Rapport Fakten und Tastenanschläge, in: »nachdenkseiten« vom 7. 12.2020, https://www.nachdenkseiten.de/?p=67726

127 Ebenda

128 Ebenda

129 https://ec.europa.eu/germany/news/whistleblower20191216_de

130 Handelsblatt vom 1.2.2021

131 Ebenda

132 Der Igel überredet den Hasen zu einem Wettlauf, den der Igel immer gewinnt. Er heftet sich an den Schwanzstummel des Hasen und als der Hase sich zu dem vermeintlich zurückliegenden Igel umdreht, ruft dieser von der Ziellinie her: Ich bin schon da!
Und so ist es auch bei dem Versuch, der kriminellen Seite von Unternehmen beizukommen. Wenn schon die Beratungsunternehmen selbst an den entsprechenden Gesetzen mitschreiben, bei deren Unterlaufen sie später ihre Klienten beraten, muss man sich nicht wundern, wenn sie sich wie die Igel fühlen.

133 *Der Freitag*, 24.12.2020

134 Ebenda

135 Blätter für deutsche und internationale Politik 4/2021, S. 85

136 So habe ich es in meinem Buch Mit Demokratie ernst machen. Für eine radikale ökonomische Aufklärung formuliert.

137 Arbeitsgruppe Alternative Wirtschaftspolitik, Erklärung zum Jahresgutachten 2020/21 des Sachverständigenrates zur Begutachtung der gesamtwirtschaftlichen Entwicklung (SVR) vom 13.11.2020

138 Ebenda

139 Ulrich Brand, Markus Wissen, Imperiale Lebensweise. Zur Ausbeutung von Mensch und Natur in Zeiten des globalen Kapitalismus, München 2017

140 Ich habe die Debatte als »Lehrstück der politischen Propaganda im Hessischen Landtag« genommen und in der FLZ, der Zeitung des GEW-Bezirksverbands Frankfurt 3-2020 abgebildet (siehe Homepage des GEW-BV Frankfurt).

141 Hans-Jürgen Urban, Blätter für deutsche und internationale Politik 11/2019

142 Wie wir es beispielsweise nach Fukushima mit dem Schwenk von Angela Merkel in der Atomenergiefrage erlebt haben.

143 edition suhrkamp 2019

144 Ebenda

145 Ebenda

146 Hans-Jürgen Urban, Wirtschaftsdemokratie als Transformationshebel, Blätter für deutsche und internationale Politik 11/2019, S. 114

147 A. a. O. S. 108f

148 agora 1/21 S. 78

149 Siehe mein Buch Mit Demokratie ernst machen, S. 136f

150 Die ›Düsseldorfer Leitsätze‹ (von 1949), das wirtschafts- und sozialpolitische Programm der CDU für die erste Bundestagswahl, markierten die von Konrad Adenauer angetriebene Neuausrichtung der CDU zur (sozialen) Marktwirtschaft und standen somit in Konkurrenz zum Konzept eines eher Christlichen Sozialismus des ›Ahlener Programms‹.

151 Ossietzky 1-21, S. 12

152 Leitartikel vom 22.01.2021: »Es geht voran«

153 Ebenda

154 Viviane Forrester, Der Terror der Ökonomie, 1997 und Naomi Klein, Die Schock-Strategie: Der Aufstieg des Katastrophen-Kapitalismus, 2007. Zu Warren Buffet: https://de.wikipedia.org/wiki/Warren_Buffett

155 Marianne Friemelt in *Frankfurter Rundschau* vom 1.4.2021

156 Bill Gates, Wie wir die Klimakatastrophe verhindern, 2021. Die Süddeutsche Zeitung vom 27.2.2021 hat dazu eine kritische Rezension von Michael Bauchmüller veröffentlicht. Dessen Quintessenz neben der Kritik an der Wiederbelebung der Atomenergie: »Alles muss sich ändern und kann doch bleiben, wie es ist: Das letztlich ist Bill Gates' Verheißung.«

157 *Frankfurter Rundschau* vom 5.10.2021, S. 3

Weitere Publikationen des Autors

Herbert Storn
Mit Demokratie ernst machen
Für eine radikale
ökonomische Aufklärung
204 Seiten, 14,5 x 20,5 cm
ISBN 978-3-96317-139-0 (Print)
ISBN 978-3-96317-651-7 (ePDF)

Herbert Storn
Germany first!
Die heimliche deutsche Agenda
Wie eine Doktrin Demokratie,
Rechtsstaat und sozialen
Zusammenhalt bedroht
252 Seiten, 14,5 x 20,5 cm
ISBN 978-3-96317-178-9 (Print)
ISBN 978-3-96317-693-7 (ePDF)
ISBN 978-3-96317-651-7 (ePUB)

BÜCHNER